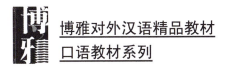

博雅对外汉语精品教材
口语教材系列

高级汉语口语 1 （第三版）

ADVANCED SPOKEN CHINESE

刘元满　任雪梅　金舒年　编著

图书在版编目（CIP）数据

高级汉语口语 .1/ 刘元满，任雪梅，金舒年编著 . —3 版 . —北京：北京大学出版社，2014.10
（博雅对外汉语精品教材）
ISBN 978-7-301-24243-8

I. ①高…　II. ①刘…　②任…　③金…　III. ①汉语—口语—对外汉语教学—教材　IV. ① H195.4

中国版本图书馆 CIP 数据核字（2014）第 096082 号

书　　　　名	：高级汉语口语 1（第三版）
著作责任者	：刘元满　任雪梅　金舒年　编著
责　任　编　辑	：刘　飞　沈浦娜
标　准　书　号	：ISBN 978-7-301-24243-8/H·3523
出　版　发　行	：北京大学出版社
地　　　　址	：北京市海淀区成府路 205 号　100871
网　　　　址	：http://www.pup.cn　新浪官方微博：@北京大学出版社
电　子　信　箱	：zpup@pup.cn
电　　　　话	：邮购部 62752015　发行部 62750672　编辑部 62752028　出版部 62754962
印　　刷　　者	：河北博文科技印务有限公司
经　　销　　者	：新华书店
	889 毫米 ×1194 毫米　16 开本　10.75 印张　269 千字
	1997 年 9 月第 1 版
	2004 年 4 月第 2 版
	2014 年 10 月第 3 版　2024 年 10 月第 9 次印刷
定　　　　价	：42.00 元

未经许可，不得以任何方式复制或抄袭本书之部分或全部内容。
版权所有，侵权必究
举报电话：010-62752024　电子信箱：fd@pup.pku.edu.cn

第三版改版说明

这是一套经典汉语口语教材，自1996年出版以来，受到国内外汉语学习者和汉语教师的广泛好评，先后两次改版，数十次印刷，至今畅销不衰。

本套教材分初中高三个级别，每级分1、2和提高篇三册。每课分为课文、注释、语言点和练习等部分。每三至五课为一个单元，每单元附有口语常用语、口语知识及交际文化知识。

本套教材从零起点起，初级前三课为语音集中教学阶段，后续课程根据情景和功能灵活设课，循序渐进，急用先学，即学即用。教材的选词范围主要以《汉语水平词汇与汉字等级大纲》为参照，初级以甲乙级词为主，学习初级口语常用句式、简单对话和成段表达；中级以乙丙级词为主，以若干主线人物贯串始终，赋予人物一定的性格特征和语言风格；高级以丁级词为主，第1、2册以一个典型的中国家庭为主线，以类似剧本的形式展开故事情节，展示中国家庭和社会的多个侧面。

本套教材的主要特点是：

1. 与日常生活紧密结合，学以致用；
2. 语言点解释简单明了，通俗易懂；
3. 练习注重结构与交际，丰富实用。

本套教材每个级别可供常规汉语进修生或本科生一学年之用，或供短期生根据实际水平及课时灵活选用。

第三版主要针对以下内容进行修订：

1. 对课文、例句及练习中过时的内容做了修改和替换，使之更具时代感；
2. 对少量语言点及解释做了调整和梳理，使之更加严谨，便于教学；
3. 对部分练习做了增删，使之更具有针对性和实用性。

北京大学出版社汉语及语言学编辑部

2014年3月

第二版说明

《高等学校外国留学生汉语教学大纲》对初等、中等、高等阶段的听、说、读、写、译各方面都提出了明确要求，其中要求高等阶段的学生在"说"的方面"能就社会生活中的一般话题较为流利地进行对话或讲话，能较系统地、完整地表达自己的思想感情，有较强的成篇表达的能力。语音语调正确，语气变化适当，语速正常，语句连贯；用词基本恰当，能用较为复杂的词汇和句式，有一定的活用语言的能力，表达比较得体"。达到这一目标，既要学生会学，也要教师会教。一本实用、顺手的教材，无论是对教师还是对学生，都会起到十分重要的作用，甚至是决定性作用。

1997年汉语口语系列教材中的《高级汉语口语》（上）出版以来，得到众多使用者的关心和厚爱。时代在发展变化，教材的内容也必须与时俱进，编者原班人马在保留原来教材主要特色的基础上重新进行了构思和编写。

与旧版相比，我们在以下方面进行了尝试。

由于原来课文较长，生词较多，而实际授课学时又很有限，以致教材一些内容未能得以充分利用；同时由于高级水平的学习者越来越多，需要进一步划分教学层次，因此改版后将上册改为《高级汉语口语》第1、2册，原来的《高级汉语口语》（下）改版为《高级汉语口语》第3册。

1、2两册各有12课，课文字数平均为1800字左右，生词控制在35个左右，以《汉语水平词汇与汉字等级大纲》中的丁级词为主，同时收入了一些用法较多、易于混淆的丙级词以及部分常用的成语。每课的编排适合6至8学时使用。

第二版保留了原教材的部分话题，人物关系更为集中，人物语言特点更突出得体性，大多数课文内容彻底更新。在注重场景、人物典型性的同时还注意了广泛性，尽量赋予人物不同的性格、背景、经历和不同的语言风格，表达力求生动、自然、得体。学习者可以加深对中国社会的了解，达到学习地道口头语言的目的。

每册分为四个单元，各单元之间插入一个与口语相关的知识介绍，目的是帮助学生扩大知识面，加深对汉语口语的认识和了解。

课文内容虽然突出了文化色彩，但仍然以语言训练为宗旨，1、2册增加了"热身话题"及"句式与表达"的练习。为了达到大纲所提出的要求，本书在练习的设计上突出了实用性，以成段表达的训练为中心，循序渐进地安排了相当数量的叙述、讨论和调查题，以切实提高学生大段地、连贯自如地表达的能力。教师可视需要选用。

此次改版，得到了使用者及出版社方面的极大支持。编辑沈浦娜以及对外汉语教育学院赵燕婉、钱旭菁、陈莉等多位老师提出了许多建设性意见，使本教材在编写质量方面又多了一份保证。在此深表感谢。

编写教材需要付出相当的时间和精力，我们努力做得更好，但在编写中一定会出现疏漏和不足，请大家提出宝贵意见，以便我们进一步完善。

希望这部教材能够继续得到大家的关心和厚爱。

作　者

2003年12月于北京大学

序

外国留学生学习汉语进入高级阶段之后，还要不要进一步学习口语？这是一个不十分明确的问题。这主要是因为，在学习汉语的整个过程中，听、说、读、写四项技能在不同的学习阶段有所侧重。高级阶段侧重在阅读和写作上，成段表达主要是写的训练，似乎口语表达的训练已经完成了。

近来，一些入系学习专业的本科生和研究生感慨地说，他们的口语表达能力不但没有什么提高，反而有所减退。在现实生活和社会交往中，他们缺乏系统、完整、自然、得体地表达自己的思想、发表自己的见解的能力。究其原因，主要是专业学习要读的书太多，要写的作业太多，没有时间练习说。这也许是事实。然而，学生们的口语表达能力方面存在的问题，不能完全归根于此。我们认为，根本原因还在于，高级阶段口语表达能力的训练没有真正完成。

过去的高级口语教材，从某种意义上说，与汉语阅读教材相差无几。教材内容大多选自小说、剧本、相声等文学作品。语言虽然比较通俗，但大都带有浓厚的文学色彩，这种语言不能算是标准的"白话"口语。外国留学生很难操练和掌握。

两年来，刘元满、任雪梅、金舒年三位青年教师在教学实践中，总结了高级口语教材的一些问题，从高级阶段学生的学习需要出发，编写了这本《高级汉语口语》。她们以《汉语水平等级标准和语法大纲》对高级阶段学生的学习要求为编写原则，选取能够反映中国社会和中国人日常生活的场景编写成课文。内容来自真实生活，生动有趣；语言自然流畅，极易上口，便于学生学习到真正地道的口头语言；练习量大，形式多样，设计突出实用性，有利于训练学生进行成段表达；有关文化背景知识都做了阐释，每课还安排了相关的"补充材料"。

总之，我认为，这本《高级汉语口语》是一部较好的实用口语教材。

郭振华

1997 年 8 月

前 言

本书是北京大学对外汉语教学中心1996年开始编写的汉语口语系列教材中的高级部分。

这部教材以具有中级汉语水平来华进修的外国学生为主要对象。根据中级水平的学生口语能力已基本能满足日常生活的需要，渴望进一步了解中国社会现实的情况，本书有意识地选取了一些能够反映中国社会和中国人日常生活的场景编写成课文，以期能更完整全面地反映中国的现实社会，满足学习者的要求。

全书的课文以一个典型的中国家庭为主线，以类似剧本的形式展开故事情节，内容涉及中国家庭和中国社会的多个侧面。书中所选的情景和出现的人物在注重典型性的同时也注意了广泛性，尽量赋予每个人物不同的性格、背景、经历和不同的语言风格，对话力求生动、自然、得体，符合人物的身份。学习者可以随着教材中的人物走进中国家庭，融入中国社会，以便达到加深对中国社会的了解，学到真正地道的口头语言的目的。

本书所选生词以《汉语水平词汇与汉字等级大纲》中的丁级词为主，同时收入了一些用法较多、易于混淆的丙级词以及部分常用的成语。

本书共有15课，分为三个单元，在各个单元间有意识地穿插了一些与口语有关的知识介绍，目的是帮助学生扩大知识面，加深对汉语口语的认识和了解。

本书的体例以课文为主，对一些俗语、惯用语和文化色彩较浓的词语用"注释"的形式加以解释。为了帮助学生更好地理解课文，针对课文中出现的一些文化难点，每课安排了与之相关的"补充材料"。

《汉语水平等级标准与语法大纲》中提出，高级阶段的学生应该"能够就学习、社会生活的各种话题进行课堂讨论和辩论，能较有系统、较完整地发表自己的见解，并能进行答辩，能够进行大段表达。"为了达到大纲所提出的要求，本书在练习的设计上突出了实用性，以成段表达的训练为中心，循序渐进地安排了相当数量的叙述、转述、讨论和辩论题，以切实提高学生大段地连贯自如地表达的能力。

本书的编写凝聚了编者及编辑的大量心血,在编写期间,编者及编辑就全书的总体设计、文中人物的性格、情节的发展、练习的方式、口语知识的选取以及某些细节多次仔细琢磨,共同探讨,并数易其稿。出版社的沈浦娜老师,提出了许多建设性的意见。郭振华教授在百忙中为本书撰写了序言,汉语中心部分老师对本书的编写给予了热情的帮助和指教,在此一并表示感谢。

刘元满　任雪梅　金舒年

1997年4月于北京大学

主要人物表

退休干部。充满生活热情。喜欢养花、喜欢社交。

教师,退休返聘。贤妻良母型,有些爱唠叨。

林家女儿。旅行社导游。在家里、单位都非常能干。很受人欢迎。

林雪的丈夫。在广告公司工作。稳重可靠,模范丈夫。

林家儿子。研究生,即将毕业。健康、乐观,喜爱运动。

林志强的女朋友。日本留学生,中文系学生。聪明好学。

林志强的大学同学,公司职员。自称"美食家",爱好广泛。

主要情节

时间跨度为半年多,从夏到冬。在这段时间里,林志强和铃木关系进一步发展;林父热心于老年活动;林母继续返聘;郝阳、林雪买了新房;林志强和铃木到南方进行暑期社会考察;林志强患阑尾炎住院;郝阳、林雪参加电视台的谈话节目;张华胜还是单身,经常与林志强等朋友来往,林雪想给他介绍一个女朋友;春节全家到饭店吃年夜饭。

7

目 录
Contents

第一课	意思意思就行了	1
第二课	我们可不是一见钟情	12
第三课	梨可不能分着吃	25
口语知识（一）	日常生活中的委婉语	36

第四课	退休了也不闲着	39
第五课	你真称得上是音乐迷了	51
第六课	节俭是美德	62
口语知识（二）	谈谈北京话	73

第七课	各有各的特点	76
第八课	得好好儿补一补	88
第九课	网络这玩意儿	100
口语知识（三）	汉语中固定搭配比喻的特点	112

第十课	一方水土养一方食品	115
第十一课	乡音难改	126
第十二课	团团圆圆过个年	136
口语知识（四）	口语的特点	148

总词语表 150
句式练习总表 158

第一课　意思意思就行了

热身话题

1. 你常去别人家做客吗？
2. 朋友到家里来聊天儿，你一般怎么招待客人？
3. 在朋友过生日、结婚、住新房或生孩子时，一般送什么礼物比较合适？应该说什么样的客套话？

本课人物：铃木雅子、林志强、林母、林父

场　　景：林志强第一次带女朋友铃木雅子回家。在楼门口，铃木有点儿犹豫。

铃　木：　志强，只带这点儿礼物合适吗？

志　强：　瞧你，多少是个够啊！你看，清酒可以全家共享，水果也是老少皆宜。别犹豫了，听我的，没错儿！

铃　木：　可我毕竟是第一次上门哪！

志　强：　还有第二次、第三次，对不对？来日方长。再说你是个学生，意思意思就行了。要是礼物过重，我父母还以为你是个大手大脚的人呢。没事儿，有我呢！（摁门铃）

林　母：　（开门）哟，我当是谁呢。

铃　木：　（上前）阿姨，您好！

林　母：噢，你就是雅子吧！我们早就盼你来了。快请进，快请进！

志　强：看，雅子带来的，日本酒，还有一个果篮。

林　母：哎哟哟！看你，来就来吧，都是自己人，还那么破费干吗？太见外了！

（林父从客厅处迎上来）

铃　木：叔叔好！

林　父：快请坐、快请坐！

林　母：雅子，我们看过你的照片，早就想叫志强带你来玩儿了！来，喝点儿冰茶，解解渴。这儿有糖，有干果、水果，挑你喜欢的吃，别客气！

铃　木：好，我自己来！（环看四周）家里这么多花，真香！

林　母：我们家本来就不大，有一点儿空地方都让他爸爸摆上花了，再种就得挂起来了。

铃　木：简直跟进了花房似的。本来我想带束花来，志强说用不着，怪不得呢！养花可不容易啊，我以前试着养过几盆名贵的花，不是缺水，就是少肥，都是一副营养不良的样子。现在我只养些"死不了"之类的，几天不管它也照样活。

林　母：你叔叔也是跟人学的。说是养花能怡情养性，净化空气，还有保湿作用。每天一有空儿就弄他这些宝贝，快成养花专家了。

林　父：专家可谈不上。不过说起这养花啊，不比做学问容易。有的花要每天晒太阳，那就得安排"日光浴"；有的花喜欢阴凉，跟姑娘们似的，那就得给它防晒。还有什么剪枝啦、除虫啦，讲究多着呢！不懂花的人可养不好花。你看这盆昙花，马上就要开了。这花娇贵得很，只在晚上开一会儿，第二天就谢了，所以才叫"昙花一现"。等开的时候你和志强来看吧，美极了！

铃　木：昙花？听说过，没见过，这下儿我可以大饱眼福了。叔叔阿姨没有养猫、狗什么的？

林　父：猫狗太麻烦，要散步、要洗澡，养狗还要办手续。志强小时候倒是养过鸟，还养过乌龟、仓鼠呢。哎，听说你们快考试了，学习忙吗？

铃　木：还可以，说忙也不忙。有一门课是笔试，其他几门是写报告或者小论文，查资料费点儿时间，有时候还需要到外面去实地调查。

第一课　意思意思就行了

志　强：她呀，学习起来是拼命地学，玩儿起来又是拼命地玩儿。

林　母：来这儿几年，生活上习惯了吧？

铃　木：还行。刚开始可真不适应。这儿上课时间太早，我们留学生大都是夜猫子，早上实在爬不起来。不过现在只要有可能，我总要睡会儿午觉，要不然下午就昏昏沉沉的，干什么都没有精神。

林　父：你来中国以前学过汉语吗？

铃　木：我妈妈以前在中国留过学，她汉语挺地道的，我小时候就常给我讲些中国的事儿。我高中开始学汉语，毕业以后就来中国了，先学了一年汉语，然后上了本科。

林　母：你叔叔去过几次日本，不过都是短期的，他还会说几句日语呢。

林　父：哪里哪里，就会说几句打招呼的话，早忘光了。

铃　木：听志强说叔叔以前在俄罗斯进修过，俄语很棒。

林　父："好汉不提当年勇"，那都是年轻时候的事了。外语这东西，长时间不用就不大流利了。

志　强：您说的对极了。我要是有一阵子不用英语，说起来准会磕磕巴巴的。

铃　木：（看到墙上挂着一幅相片）这张"全家福"是什么时候照的？前面坐着的是爷爷奶奶吧？叔叔真英俊，阿姨好漂亮，扎着马尾辫的这个女孩子一定是姐姐，笑得多甜哪！志强小时候样子真逗，怎么看上去那么老实！

林　父：哈哈哈，你说他老实？人不可貌相！他小时候淘气着呢。玩儿滑板、溜野冰，趁我们不注意，哪儿危险往哪儿去。不像我们家小元元，一回来就缠着大人玩儿。

志　强：（对铃木）元元是我姐的女儿。我印象里小时候爸爸就没抱过我，可元元简直就是姥爷怀里长大的，一会儿不见就想得慌。去年元元去成都奶奶家过年，我爸连节都没过好。回来那天我爸早早就去接机了。

林　母：真是这么回事。人家都说"隔辈亲、隔辈亲"，他爸爸就是个典型。

铃　木：在我们家，爸爸常常加班，家离公司又远，早出晚归的，每天他回来的时候我早就睡着了，更难得跟爸爸吃顿饭。原来觉得没什么，可现在想想，还挺遗憾的。

林　母：时候不早了，肚子饿了吧。你们聊着，我去厨房看看，今天尝尝我的小鸡炖蘑菇。

铃　木：不好意思，给你们添麻烦了。

林　母：哪儿的话。家常便饭，还不知合不合你的口味儿呢。

铃　木：那我给您帮点儿什么忙？

林　母：不用不用，东西都准备好了，快得很。

词　语

1	共享	gòngxiǎng	（动）	一起享受美好的东西：资源~｜~快乐时光。
2	老少皆宜	lǎo shào jiē yí		对老年人、年轻人都适合。皆，都；宜，适合。
3	来日方长	lái rì fāng cháng		未来的日子还很长。表示不必急于做某事。
4	大手大脚	dà shǒu dà jiǎo		形容花钱、用东西没有节制。贬义词。
5	破费	pòfèi	（动）	花费。多指别人为自己花钱：让你~了，不好意思。
6	见外	jiànwài	（形）	当外人看待：你太~了。｜别~。
7	干果	gānguǒ	（名）	通常指有硬壳而水分少的果实，nuts：花生、开心果、杏仁、核桃都是~。
8	肥	féi	（名）	肥料，fertilizer manure：施~。
9	营养不良	yíngyǎng bù liáng		malnutrition; undernourishment
10	怡情养性	yí qíng yǎng xìng		使心情愉快舒畅，使性格得到好的培养。
11	净化	jìnghuà	（动）	使……干净：~空气｜~心灵｜~社会环境。
12	保湿	bǎoshī	（动）	保持湿润：~霜｜~面膜｜有~作用。
13	宝贝	bǎobèi	（名）	珍奇的物品，常用于比喻：这些石头都是他的~。
14	日光浴	rìguāngyù	（名）	让日光照射，保持身体健康的一种方式。
15	阴凉	yīnliáng	（形）	太阳照不到的凉爽的地方：~地儿｜找个~的地方。
16	剪枝	jiǎn zhī		为果树、草木除去多余的枝条。

第一课　意思意思就行了

17	除虫	chú chóng		清除害虫。
18	娇贵	jiāoguì	（形）	指物品容易损坏：这种植物很~，不能被风吹。
19	（花）谢	(huā)xiè	（动）	花落：花开花~又一年｜四月份，花早就~了。
20	昙花一现	tánhuā yí xiàn		昙花：broad-leaved epiphyllum。昙花开放后很快就凋谢，比喻稀有的事物或了不起的人物出现不久就消失。
21	大饱眼福	dà bǎo yǎnfú		观看珍奇或美好事物的欲望得到满足。
22	乌龟	wūguī	（名）	tortoise
23	仓鼠	cāngshǔ	（名）	hamster
24	实地（调查）	shídì (diàochá)		在现场（调查）。
25	夜猫子	yèmāozi	（名）	猫头鹰，owl，比喻喜欢晚睡的人。
26	昏昏沉沉	hūnhūnchénchén		混乱，脑子不清楚：睡眠不足，~的。
27	本科	běnkē	（名）	regular undergraduate course
28	磕磕巴巴	kēkēbābā		口吃，说话不流畅：说话~。
29	英俊	yīngjùn	（形）	容貌好看又有精神，一般指青年男子。
30	扎	zā	（动）	to bundle up：~辫子｜把头发~起来。
31	马尾辫	mǎwěibiàn	（名）	ponytail：梳着一条~。
32	逗	dòu	（形）	funny：他的话真~｜你真~！
33	淘气	táoqì	（形）	爱玩儿爱闹，不听劝告。主要指孩子：这孩子太~，一点儿都不听话。
34	滑板	huábǎn	（名）	skateboard：一块~｜玩儿~｜~运动。
35	缠	chán	（动）	to pester：小孩子~大人｜别~着我。
36	隔辈	gé bèi		家族里中间隔着一代的人，如爷爷和孙子。
37	早出晚归	zǎo chū wǎn guī		早上很早出去，晚上很晚回来。
38	炖	dùn	（动）	to stew：~肉。
39	蘑菇	mógu	（名）	mushroom
40	口味	kǒuwèi	（名）	个人对于味道的爱好：你做的菜很对他的~。｜合我的~。

注 释

1. 来就来吧,都是自己人,还那么破费干吗?

    客人带礼物来,主人的客气话,表示让客人为自己花钱,心里过意不去。

2. 好汉不提当年勇

    谚语。有志向的男子不夸耀(kuāyào)过去的功劳。

3. 全家福

    全家大小一起合拍的照片。

4. 人不可貌相

    谚语。不能只从外表上看人。外表不怎么样的人也很可能是了不起的人。

5. 溜野冰

    在非正规的溜冰场溜冰,或到没有人看管的地方溜冰,是危险行为。

6. 隔辈亲

    指家庭中祖父母(外祖父母)与孙辈之间的感情比父母与子女之间更亲密。

练 习

(一)课文部分

一 用正确的语调朗读下列句子:

1. 瞧你,多少是个够啊!
2. 别犹豫了,听我的,没错儿!
3. 哟,我当是谁呢。
4. 看你,来就来吧,都是自己人,还那么破费干吗?
5. 她呀,学习起来是拼命地学,玩儿起来又是拼命地玩儿。
6. 人不可貌相!他小时候淘气着呢。

二 说出下列各句的含义:

1. 意思意思就行了。
2. 还有第二次、第三次,对不对?来日方长。
3. 我父母还以为你是个大手大脚的人呢。
4. 没事儿,有我呢!

5. 说忙也不忙。
6. 好汉不提当年勇。
7. 人不可貌相。

三 根据课文内容回答下列问题：（请使用提示词语）

1. 林父认为应该怎么养花？
   （不比……容易　日光浴　阴凉　防晒　讲究　懂）

2. 志强养过什么动物？
   （猫　狗　养过……，还养过……）

3. 铃木刚来中国时什么方面不适应？
   （时间　夜猫子　实在　有可能　要不然　没有精神）

4. 林父会哪种外语？说得怎么样？
   （短期　会说几句　进修　很棒）

5. 志强小时候是个什么样的孩子？
   （老实　淘气　玩儿滑板　溜野冰　危险）

6. 林父跟外孙女的关系怎么样？
   （怀里　想得慌　过年　接机　典型）

7. 铃木为什么事情感到遗憾？
   （加班　早出晚归　难得　原来　现在）

（二）词语部分

一 标出下列词语的读音，然后在句中填入适当的词语：

老少皆宜　　大手大脚　　怡情养性　　昙花一现

大饱眼福　　磕磕巴巴　　来日方长　　昏昏沉沉

1. 你才刚开始学习，不要着急，（　　　　　　）！

2. 这位作家可以说是（　　　　　），后来再也没有写过其他作品。
3. 据说这种花60年才开一次，今天我们正好赶上，真是（　　　　　）！
4. 我的法语才学了三个月，说起来当然（　　　　　）的。
5. 她花起钱来（　　　　　），一个月的工资半个月就没了。
6. 读古诗文可以（　　　　　）。
7. 这种保健球（　　　　　），大人孩子都能玩儿。

二 从所给的答案中选择一个，完成句子：

1. 他毕竟是个孩子，（不能理解什么是"怡情养性"/很清楚"怡情养性"是什么意思）。
2. 你这样犹豫不决，（会误事的/总会成功的）。
3. 他喝茶很讲究，（不管什么茶，端起来就喝/对茶叶的产地、茶具等都有要求）。
4. 这种东西比较娇贵，（用的时候要小心/随便用）。
5. 五四时期的许多人物都是昙花一现，（很快就被人忘记了/现在人们还记得他们）。
6. 昨天晚上睡得（不好/很好），现在昏昏沉沉的。
7. 轮到我上台发言的时候，我心里很（紧张/轻松），说起话来也磕磕巴巴的。
8. 来日方长，（以后还有见面的机会/以后再见就难了）。
9. 因为女儿总是大手大脚，所以妈妈把钱交给她的时候很（放心/不放心）。
10. 朋友结婚，（一定要买些高级的礼物/不一定买很贵重的礼物），意思意思就行了。

三 简单解释下面画线部分的意思：

1. 你这样说就太见外了！
2. 我是个夜猫子，最怕早上第一节有课。
3. 你这人说话真逗。
4. 她钱包里有张全家福。
5. 这孩子太缠人了，将来不会有出息。
6. 他最近早出晚归的，不知在忙些什么。

（三）句式部分

用给出的词语改说或完成句子：

1. ……，再说……，要是……

　　（来日方长。）再说你是个学生，意思意思就行了。要是礼物过重，我父母还以为你是个大手大脚的人呢。

第一课　意思意思就行了

1）你必须表明态度。你本来并不同意这件事，你不说话，大家以为你支持他的看法。

2）那个工作我不喜欢。我已经拒绝了，现在再跟他们说要去，人家会把我当成怪物的。

3）同学们都有平板电脑。平板电脑并不贵，……

4）我是一个怕在人前说话的人。那又是个正式场合，说错了，……

5）你干不了这样的事。做这件事要花很多精力，……

2. 说是……，还……

（他喜欢养花。）说是养花能怡情养性，净化空气，还有保湿作用。

1）他主张吃素。吃素有益于健康，能保护动物。

2）他坚持每天写一篇日志。写日志可以整理自己的想法，提高写作能力。

3）他反对我边走路边吃东西，……

4）父亲建议我到中国留学，……

5）他买了一辆二手车，……

3. 说起……呀，不比……（＋原因）

说起这养花啊，不比做学问容易。有的花要每天晒太阳，那就得安排"日光浴"；有的花喜欢阴凉，就跟姑娘们似的，那就得给它防晒。

1）开车不比走路轻松。既要注意行人，又要有足够的耐心，堵车啦，等车位啦，着急也没用。

2）铅笔不比钢笔便宜。钢笔可以用好几年，铅笔只能用两个月。

3）自己做饭不比去食堂吃饭省钱，……

4）小张的妻子不比丈夫细心，……

5）开车不一定比坐地铁方便，……

4. 总要……，要不然……

不过现在只要有可能，我总要睡会儿午觉，要不然下午就昏昏沉沉的，干什么都没有精神。

1）她每天都跟男朋友视频通话，不通话就会坐立不安，连作业也写不下去。

2）我每个假期都出去打工，不打工就没有零花钱，更谈不上旅行了。

3）家里的狗每天都得出去跑一跑，……

4）人应该学习一些新东西，……

5）A：周末你一般干什么？

B：……

5. 要是……，准会……

我要是有一阵子不用英语，说起来准会磕磕巴巴的。

1）你问他有没有困难，他一定说"没事儿没事儿"。

2）他每次回家过年，父母都问他怎么还没找到对象。

3）小孩儿看到这个游戏，……

4）把公司交给他负责，……

5）A：你为什么那么反对他做这件事呢？

B：……

（四）任务与活动

一 讨论题：

1. 到人家里做客，客人应该带什么礼物？注意什么礼节？主人应该怎样招待客人？
2. 在人家里做客，适合谈什么话题？

二 就下列问题进行调查并作汇报：

1. 你的同学／朋友有什么兴趣爱好？

基本信息：年龄_____ 国家_____ 专业_____ 性格_____

平时下课以后做什么？	
周末一般做什么？	
一般做什么户外活动？	
你是什么迷？	
喜欢玩儿什么游戏？	

总结：

2. 你的同学／朋友学汉语的背景和经历有什么不同？

基本信息：年龄_____ 国家_____ 专业_____ 开始学汉语的年龄_____

你为什么学汉语？	
汉语哪些方面难学？	
汉语哪些方面容易学？	
学汉语时哪些方法不太好？	
你有什么学汉语的好方法？	
我们为什么要学外语？	

总结：

第二课　我们可不是一见钟情

热身话题

1. 找恋人通常有什么方式？
2. 你觉得男女相爱的原因是什么？
3. 什么样的爱情最浪漫？

本课人物：郝阳、大卫和大卫的朋友艾兰

场　　景：在酒吧。大卫和艾兰坐在一个角落聊天，郝阳匆匆走来。

郝　阳：　不好意思，公司临时有点儿事儿，出来晚了，又赶上堵车，让你们久等了，抱歉抱歉！

大　卫：　没关系，我们也是刚到。郝阳，来认识一下儿，（对郝阳）我朋友艾兰，加拿大人，在中国戏曲学院学习京剧。艾兰，他就是郝阳。

艾　兰：　郝先生，你好！听大卫说起过你，见到你很高兴。

郝　阳：　我也一样。

　　　　　（艾兰的手机响了）

艾　兰：　对不起，我接个电话，失陪。

郝　阳：　（看着艾兰的背影）你这个朋友怎么从来没听你说过？

第二课　我们可不是一见钟情

大　卫：我们也是才认识，还没来得及告诉你。不瞒你说，她是我遇到的最好的女孩子。

郝　阳：这样啊。我说你约我时有点儿神秘兮兮的，难怪！这么看来，你不准备打一辈子光棍儿啦？进展够快的。一见钟情？

大　卫：让你猜对了。

郝　阳：一定有故事吧？

大　卫：说起来，那才叫缘分哪。那天我去参加一个朋友的生日聚会，不巧下起雨来了。一来我住的地方比较偏僻，二来又赶上下雨，出租车很难打。我在路边等了十多分钟，都快淋成落汤鸡了，还是没打着车。我很沮丧，就想给朋友打电话说不去了，就在这时候，一辆出租车在我旁边停下了。车里一位小姐问我去什么地方，说可以带我一段。我高兴极了，赶紧上了车。你猜怎么着？

郝　阳：车上的那位就是你的白雪公主！

大　卫：正是。她刚从一位老师家出来，正要回学校去，看到了我的那副狼狈相，就让司机停下来，让我上了车，还先把我送到朋友家才回去，就这么认识啦。后来我去他们学校看她唱京剧《贵妃醉酒》，她在台上一亮相，哎呀！那个美呀，我都看呆了！

郝　阳：她心眼儿好，又那么漂亮，难怪你这么得意呢。

（这时，艾兰返回）

艾　兰：你们谈什么哪？笑得这么开心。

郝　阳：大卫刚给我讲了你们的"雨中曲"。一见钟情，真是浪漫！

艾　兰：他特别会添油加醋，他的话可不能全信。对了，听大卫说郝先生有一个特别美满的家庭。

郝　阳：噢？他这么说？

大　卫：当然了，你看，女儿活泼可爱，夫人漂亮能干，羡慕啊！（对艾兰）他夫人叫林雪，是一家旅行社的导游。上次去他家，那一手地道的中国菜，嘿，现在想起来还馋呢。

艾　兰：你怎么不早说呢。我正想找个师傅学学中国菜呢。郝先生，我能不能拜您夫人为师？

郝　阳：这好说，哪天你和大卫一起来我家就是了。

大　卫：哎，对了，上次去你家，看你们两个夫唱妇随，干什么都那么默契，挺幸福的。那天当着林雪的面没好意思问你，今天能不能跟我们讲讲你们的浪漫史，也让我们了解一下儿现代中国人怎么谈恋爱。

艾　兰：太好了。郝先生，你们也是一见钟情吗？

郝　阳：呵呵，我们可不是一见钟情。

艾　兰：那你们是"青梅竹马"喽？

郝　阳：也说不上。"青梅竹马"是指从小就相识的有情人。我和我爱人是大学同学。

艾　兰：大学同学，那一定是"蝴蝶双飞，形影相随"。

郝　阳：不愧是学戏曲的，真是出口成章啊。说起来我们一进大学就认识了，但真正有那层意思，是上大学四年级以后的事。

大　卫：哎？既然早就认识，为什么要等那么长时间？万一让别人抢走了怎么办？

郝　阳：是这样，我和林雪都是外语学院的学生，但专业不同，我学英语，她学德语。上大课的时候常常见面，彼此有个印象，互有好感，仅此而已。不过，我们都喜欢音乐，都是学校乐队的成员，常常在一起排练、演出。有一次我们去外地的学校演出，演完后大家一起去当地的名胜古迹玩儿。林雪上山时不小心崴了脚，需要有人送她下山。

大　卫：于是，你就自告奋勇，英雄救美了？

郝　阳：我当时是小组长，又是身体最棒的，当然应该挺身而出了！

大　卫：艾兰，你知道古代中国人讲究"男女授受不亲"，按照传统观念，男女之间不能随便给予和接受，也就是说不能随便单独接触。郝阳一个人送林雪下山，免不了有人说闲话，让别人说闲话总是不好的事，所以郝阳没办法，就只好和林雪谈恋爱了。

郝　阳：这个大卫，真会编故事，艾兰你可不要听他乱讲。不过一路走下来，我们聊得挺投机，以后的事就不必说了。总之，应验了我们中国人常说的那句话，"不是一家人，不进一家门"。

艾　兰：郝先生，我有点儿不明白，你和夫人既然互有好感，为什么要那么久才建立恋爱关系？如果没有那次机会，你们的好姻缘不就错过了吗？

郝　阳：也可能啊。不过我们中国人找对象、谈恋爱讲究一个"缘"字，所谓"有缘千里来相会，无缘对面不相识"，一切都在一个"缘"字上。如果有缘，即使远在天涯海角，最终也会走到一起；要是没有缘分，即使天天见面也会视同路人。

艾　兰：对了，西方有爱情小天使"丘比特"，他的箭射到谁，谁就会萌发爱情，这也算是一种"缘"吧？

郝　阳：说得对。在我们国家，传说中也有一位像"丘比特"一样的人，不过他不是小孩儿，年纪很大，人称"月下老人"。这个老人手里有一根长长的红丝线，被红丝线拴住的两个人，不管离得有多远，最终也会"有情人终成眷属"的。

大　卫：怪不得你有条红腰带呢。

郝　阳：你说的哪儿跟哪儿呀！

词　语

1	一见钟情	yí jiàn zhōng qíng	一见面就产生了爱情。
2	戏曲	xìqǔ （名）	以歌唱、舞蹈为主要表演手段的传统戏剧形式，包括京剧和其他各种地方戏。
3	失陪	shīpéi （动）	客套话，表示不能陪伴对方。
4	神秘兮兮	shénmì xīxī	很神秘的样子。
5	打光棍儿	dǎ guānggùnr	过单身生活（多指成年男性）。
6	进展	jìnzhǎn （动）	向前发展：没有～｜～不大。
7	缘分	yuánfèn （名）	人与人命中注定相遇、结合的机会；泛指人与人或事物之间发生联系的可能性。
8	偏僻	piānpì （形）	远离中心地区，交通不便。
9	沮丧	jǔsàng （形）	感到灰心和失望。
10	狼狈	lángbèi （形）	指处境困苦、十分为难的样子：非常～｜一副～相。

11	贵妃	guìfēi	（名）	地位次于皇后的皇帝的妃子。
12	亮相	liàng xiàng		戏曲中演员为了突出人物情绪、加强戏剧气氛而由动变为短时静止的姿势：出场~。
13	添油加醋	tiān yóu jiā cù		在叙述或转述时，添上原来没有的内容。多含贬义。
14	美满	měimǎn	（形）	家庭生活美好、幸福：家庭~｜婚姻~。
15	导游	dǎoyóu	（名）	引导游览的人。tourist guide
16	馋	chán	（形）	想吃好吃的东西。
17	拜师	bàishī	（动）	认老师，认师傅：~学艺。
18	夫唱妇随	fū chàng fù suí		丈夫做什么，妻子也做什么。形容夫妻关系好。
19	默契	mòqì	（形）	不用说出而双方心里都明白：很~｜配合~。
20	青梅竹马	qīng méi zhú mǎ		指男女小时候天真无邪，在一起玩耍。现多指夫妻或恋人从小认识。
21	形影相随	xíngyǐngxiāngsuí		影子永远跟随着身体，不分开。形容关系密切，常在一起。
22	不愧	búkuì	（副）	当得起，称得上：~是｜~为。
23	出口成章	chū kǒu chéng zhāng		说出的话就是一篇文章，形容擅长辞令。
24	（仅此）而已	(jǐncǐ) éryǐ	（助）	（只是这样）罢了，表示程度较低。
25	排练	páiliàn	（动）	在下面排演练习（戏剧、舞蹈等）作为正式公演的准备：~节目。
26	崴	wǎi	（动）	（脚）扭伤。
27	自告奋勇	zì gào fènyǒng		自己主动要求做某事。
28	挺身而出	tǐng shēn ér chū		比喻遇到困难勇敢地站出来承担。
29	闲话	xiánhuà	（名）	对别人不满的话：说~。
30	投机	tóujī	（形）	对事物的想法、看法相同。
31	应验	yìngyàn	（动）	（预言、预感）和后来发生的事实相符。
32	姻缘	yīnyuán	（名）	婚姻的缘分。
33	错过	cuòguò	（动）	失去（机会、对象）：~机会｜~缘分。

34	天涯海角	tiānyá hǎijiǎo		形容极远的地方或彼此之间相隔极远。
35	视同路人	shìtóng lùrén		把认识的人看作不认识的人，表示不愿理睬对方。
36	天使	tiānshǐ	（名）	西方宗教传说中神的使者。angel
37	萌发	méngfā	（动）	种子发芽，比喻发生：种子~｜~爱情。
38	有情人	yǒuqíngrén	（名）	互相爱恋、有感情的人。
39	眷属	juànshǔ	（名）	家眷，亲属；也特指夫妻。
40	腰带	yāodài	（名）	腰间系裤子的带子，皮革的称"皮带"。belt

注　释

1. 落汤鸡

    落在热水里的鸡，形容全身湿透的样子。

2. 白雪公主

    Snow White，比喻男青年心目中理想的对象。女青年心目中理想的对象叫"白马王子"（Prince Charming）。

3. 雨中曲

    美国爱情片《Singing in the Rain》，借指雨中发生的故事。

4. 男女授（shòu）受不亲

    中国古代传统的观念，指男女之间不能随便单独接触。授，给予；受，接受。

5. 不是一家人，不进一家门

    没有缘分的人不会成为一家人，和"有情人终成眷属"的意思相近。

6. 丘比特（Qiūbǐtè）

    Cupid，西方宗教传说中的爱情小天使。

7. （你）说的哪儿跟哪儿呀

    表示把两件毫无关系的事扯到了一起。

练 习

（一）课文部分

一 用正确的语调朗读下列句子：

1. 不好意思，公司临时有点儿事儿，出来晚了，又赶上堵车，让你们久等了，抱歉抱歉！
2. 我说你约我时有点儿神秘兮兮的，难怪！
3. 我高兴极了，赶紧上了车。你猜怎么着？
4. 她在台上一亮相，哎呀！那个美呀，我都看呆了！
5. 我当时是小组长，又是身体最棒的，当然应该挺身而出了！
6. 你说的哪儿跟哪儿呀！

二 说出下列各句画线部分的含义：

1. 这么看来，你不准备<u>打一辈子光棍儿</u>啦？
2. 他特别会<u>添油加醋</u>，他的话可不能全信。
3. 真正<u>有那层意思</u>，是上大学四年级以后的事。
4. 这个大卫，真会<u>编故事</u>，艾兰你可不要听他乱讲。
5. 应验了我们中国人常说的那句话，"<u>不是一家人，不进一家门</u>"。
6. <u>有缘千里来相会，无缘对面不相识</u>。

三 根据课文内容回答下列问题：（请使用提示词语）

1. 约会迟到了应该怎样道歉？早到的朋友这时怎么说？
（不好意思　久等　抱歉　没关系）

2. 大卫和艾兰是怎么认识的？
（缘分　一来……，二来……　落汤鸡　出租车　狼狈相）

3. 艾兰是个什么样的人？
（京剧　亮相　心眼儿）

4. 郝阳和林雪是一见钟情吗？请讲一下他们认识的过程。
（外语学院　专业　好感　学校乐队　演出　崴脚　自告奋勇）

5. 什么是"缘"？请举例说明。
   （有缘千里来相会，无缘对面不相识　即使……也……　丘比特　箭　月下老人　红丝线　不管……也……）

（二）词语部分

一 标出下列词语的读音，然后在句中填入适当的词语：

一见钟情　自告奋勇　偏僻　沮丧　默契　狼狈

夫唱妇随　添油加醋　青梅竹马　天涯海角

1. 你们两个是怎么认识的，是（　　　）还是（　　　）？
2. 我第一次请女朋友吃饭，结账时却发现钱包不见了，真是（　　　）。
3. 这么晚了，那个地方又很（　　　），还是让我送你回家吧。
4. 他们两个在吵架，你不但不去劝架，还在旁边（　　　），你还是朋友吗？
5. 他的父母是自由恋爱，在家里（　　　），家庭非常幸福美满，令人羡慕。
6. 在北京，我们迷路了，需要一个同学去找警察问路，小王（　　　）地表示他可以试试。
7. 我们在一个球队踢球两年多了，很（　　　），配合得特别好。
8. 不管你去多远的地方，哪怕是（　　　）我也跟你一起去。

二 从所给的答案中选择一个，完成句子：

1. 中国古代讲究"男女授受不亲"，男女之间（可以／不能）互相握手。
2. 他只是说了你几句闲话，你（不要放在心上／以后一定要报复他）。
3. 我心甘情愿跟你走，（是你请求我走的／没有人强迫我）。
4. 我们住的地方很偏僻，交通（方便／不便）。
5. 不愧是中文系毕业生，（真是出口成章／连信都写不好）。
6. （终于成功了／还是没有成功），大家无比沮丧。
7. 我们两个人话不投机，（说不了几句就得吵起来／一聊起来就没完）。
8. 比赛场上需要默契的配合，（不能只想表现自己／应该充分发挥个人的作用）。
9. 他说话喜欢添油加醋，你（一定要／不能）相信他。
10. 下大雨的时候我正走在路上，没地方躲（duǒ），（淋成了落汤鸡／淋得像水里的鸭子）。

三 简单解释下面画线部分的意思：

1. 车上的那位就是你的<u>白雪公主</u>。
2. 大卫都快淋成<u>落汤鸡</u>了。
3. 她在台上一<u>亮相</u>，哎呀，那个美呀！
4. 不愧是学戏曲的，真是<u>出口成章</u>啊。
5. 我当时是小组长，又是身体最棒的，当然应该<u>挺身而出</u>了！
6. 让别人<u>说闲话</u>总是不好的事。

（三）句式部分

用给出的词语改说或完成句子：

1. 我说……，难怪

    我说你约我时有点儿神秘兮兮的，难怪！

    1）A：铃木汉语很地道，她妈妈以前在中国留过学，汉语很不错。

    　　B：怪不得她汉语那么好。

    2）A：姐姐每天都喝乌龙茶，因为喝乌龙茶可以减肥。

    　　B：原来是这个原因哪。

    3）A：这条路最近在修路。

    　　B：……

    4）A：玛丽的男朋友昨天来中国了。

    　　B：……

    5）A：今天是无烟日，外面不许抽烟。

    　　B：……

2. 一来……，二来……

    一来我住的地方比较偏僻，二来又赶上下雨，出租车很难打。

    1）我的汉语水平不太高，他的口音很重，我听他说话很费劲。

    2）房租很贵，从银行贷款越来越容易，我决定买房。

    3）一来……，二来……，弟弟打算大学毕业以后出国留学。

4）一来……，二来……，环境污染越来越严重。

5）A：你知道为什么要开这个联欢会吗？

　　B：……

3. 不愧是……

　　不愧是学戏曲的，真是出口成章啊。

1）小王是名牌大学毕业生，专业知识扎实，业务能力强。

2）乒乓球是中国的国球，从老人到孩子都很喜爱这项运动。

3）长城是世界文化遗产，……

4）大卫是我的好朋友，……

5）北京是历史名城，……

4. 说起来……，但……

　　说起来我们一进大学就认识了，但真正有那层意思，是上大学四年级以后的事。

1）我离开家乡已经十多年了，可是我一时一刻也没有忘记家乡。

2）我们认识很多年了，可我觉得还是不太了解他。

3）我学英语已经十多年了，……

4）婚姻应该以爱情为基础，……

5）我比你早毕业了几年，……

5. ……而已

　　上大课的时候常常见面，彼此有个印象，互有好感，仅此而已。

1）我对中国古代诗歌了解得并不多，不过比较喜欢读。

2）这家商店之所以生意不好，主要是因为没有什么特色，只卖一些很普通的、一般商店都有的东西。

3）这种花不是什么名贵的品种，……

4）A：我发现你最近老跟小丽在一起，你们的关系是不是有发展了？

　　B：……

5）A：我昨天在文物市场买了一件瓷器，据说是明代的，你看看怎么样？

B：……

6. 如果……，即使……也……

如果有缘，即使远在天涯海角，最终也会走到一起；……

1）要是专业知识过硬，工作中困难再大，也一定能够克服。

2）有坚定的目标和坚强的意志，现在失败了，以后也能成功。

3）如果双方真心相爱，……

4）如果没有钱，……

5）如果心情不愉快，……

（四）任务与活动

一 讨论题：

1. "一见钟情"和"青梅竹马"式的恋爱各有什么特点？
2. 你认为最理想的恋爱对象是什么样的？结婚对象呢？
3. 你相信"缘分"吗？请说明理由。

二 请你对以下几种恋爱方式进行评价：

A 一见钟情　B 青梅竹马　C 朋友介绍　D 征婚　E 网恋

三 完成调查表并设计新的调查问卷：

1. 请先完成下面的调查表，然后全班汇总，分析调查结果。
2. 分组讨论，提出大家共同感兴趣的、与婚恋有关的问题，然后根据这些问题设计出一份调查问卷。课下对不同国籍的学生（5个以上）进行调查，然后汇报调查结果。

大学生婚恋观调查表

亲爱的同学：你好！

　　本次调查为不记名调查，请你按照真实的想法进行选择，如果你的想法没有出现在下面的选项中，请将其填写在"其他"后的横线上，谢谢！

1. 你的性别：
    A 男　　B 女

2. 你所在的年级：
    A 大一　　B 大二　　C 大三　　D 大四　　E 其他＿＿＿＿＿＿

3. 你对大学生谈恋爱的态度是：
    A 支持　　B 正常现象　　C 个人行为　　D 无所谓　　E 反对

4. 你选择对象的条件是（可多选）：
    A 人品　　B 才能　　C 外表　　D 学历　　E 家庭　　F 感觉
    G 经济条件　　H 性格　　I 其他＿＿＿＿＿＿

5. 你心中最喜欢的异性类型是（可多选）：
    男性：A 强壮　　B 成熟　　C 幽默　　D 体贴　　E 博学
    　　　F 浪漫　　G 威严　　H 阳刚　　I 大气　　J 其他＿＿＿＿＿＿
    女性：A 温柔　　B 活泼　　C 漂亮　　D 时髦　　E 传统　　F 独立性强
    　　　G 家庭观强　　H 博学　　I 有个性　　J 顺从　　K 其他＿＿＿＿＿＿

6. 你认为现在大学生谈恋爱的最初动机主要是：
    A 真心相爱　　B 孤独寂寞　　C 对学习有所帮助　　D 准备将来结婚
    E 其他＿＿＿＿＿＿

7. 假如你爱上一个异性，你会：
   A 主动向对方表示　　B 主动接近，再看机会　　C 通过自己的暗示希望对方表示
   D 决不先向对方表示　　E 顺其自然　　F 其他_____

8. 如果可以，你会选择：
   A 你喜欢的人　　B 喜欢你的人　　C 互相喜欢的人

9. 你认为恋爱与学习哪个更重要？
   A 学习更重要　　B 恋爱更重要　　C 二者同等重要　　D 不好说

10. 你怎么看待大学生谈恋爱对个人的影响？
    A 可以让学习、生活充满活力　　　　B 分散精力、浪费时间
    C 二人世界会影响自己与朋友的交往　　D 不好说

11. 如果失恋了，对你意味着：
    A 失败感　　B 人生经验　　C 无所谓　　D 集中精神去学习　　E 天涯何处无芳草

12. 你认为大学生谈恋爱成功率有多大？
    A 10%　　B 50%　　C 70%　　D 不好说

第三课　梨可不能分着吃

热身话题

1. 在你们国家，饭店的房间号码有讲究吗？
2. 有些人相信某些日子适合或不适合做某事，你能举出例子吗？
3. 在你们国家，新年的时候有没有不应该说的话？

本课人物：林志强、铃木雅子、林雪、郝阳

场　　景：林雪家。晚饭后，大家一起喝茶、聊天。

志　强：　水果都削好了。雅子，这个叫雪花梨，你尝尝。

铃　木：　这个梨太大了，我一个人吃不了。咱们一人一半吧。

林　雪：　梨可不能分着吃！中国人有讲究，分梨跟"亲人分离"的"分离"同音，听起来不吉利。我倒不是迷信，可也别破坏了规矩。

铃　木：　我还真没注意这个。对了，我想起以前闹过一个笑话，一次和几个朋友去吃饺子，我想给旁边的朋友倒一点儿醋，就问了一句："你吃醋吗？"结果大家都哄堂大笑。这个朋友说："我不吃醋，可是我吃'忌讳'。"这件事给我留的印象太深刻了。

郝　阳：说起忌讳，我母亲老家在山东海边，他们吃鱼的时候很注意吃法，用词也很小心。吃完上面，要把鱼刺去掉以后才能吃下面，不能翻过来吃。非要翻过来吃，也得说成"划（huá）过来"或"正过来"。因为那里过去主要靠渔业生活，渔民最怕翻船，不愿意说"翻过来"，"翻个身"也要说成"划个身"。

林　雪：过去农村有一种风俗，年轻人结婚的时候，人们要为新婚夫妇准备一些枣、栗子，取"早、立、子"三个音，就是"早生贵子"的意思；还要准备花生，意思是"花着生"，有儿有女，图的就是吉利。我们结婚的时候就没这么复杂了，出去蜜月旅行一趟，回来发点儿喜糖就完事了。现在大家都晚婚晚育少生，我看这个习俗会慢慢消失的。

郝　阳：这个习俗可能会消失，但是谐音却越来越盛行了。最典型的是"8"这个数字。凡是每个月的18号肯定会新开张不少饭店、商店。节日打折、甩卖东西时也是"8"折、"88"折的。雅子可能不知道，发财的"发"在广东话里，读起来跟"8"一样，所以"8"就跟发财联系起来了，有的地方甚至把带"8"的号码拿来出售。"888"（发发发）、"168"（一路发）之类的数字一下子吃香起来。我们老板的手机号有连着的三个8，据说花了不少选号钱。

铃　木：是吗？怪不得手机号有的要收费呢。我的手机号可没有加钱。

志　强：你那个号码里不仅没有一个8，还有两个4、一个7呢！"四"和"死"、"七"和"气"音差不多，那些迷信的人当然不愿意买，所以就不加钱了。有的人甚至买彩票也选8，要按经济学来说，那才是白扔钱呢。说来说去，这都是经商者的一厢情愿，至于"8"是不是真能给商家带来好运，鬼才知道！

林　雪：有一种植物叫"发菜"，长得跟头发一样，特别受欢迎，倒不是因为多么好吃，而是因为跟"发财"谐音。前些年南方人过年时总要备这么一道菜。可发菜只在西北地区生长，而且只能野生，西北属于内陆地区，天旱少雨，植被稀少，人们拼命挖，导致植被受到破坏，水土严重流失，结果政府不得不下令禁止经营、出售发菜了。

郝　阳： 这就太过分了。不过现实生活中不讲忌讳还真不行，你要是给老人祝寿时送钟，结婚时给人送伞，那是专往枪口上撞，人家不把你撵出去才怪呢。前两天听人说婚礼上选喜车的事，挺好玩儿的。婚庆头车要高端大气上档次，够气派，而且最好是白色的，象征着新郎新娘白头偕老，百年好合。所以现在大家都喜欢用银色的劳斯莱斯或者白色的奔驰做头车。跟在后面的车要避开一些车型：如果头车是奔驰，尾车是桑塔纳，连起来就是"奔丧"；如果头车是奥迪呢，连起来又是"懊丧"，都不吉利。另外雪佛来车前有个十字架，让人联想到墓地；别克则是"又别又克"。这都是绝对忌讳的。

铃　木： 他们真想得出来！现在还有什么起名公司，有的公司经营不好，不考虑其他原因，先想把名字换一换，那不是换汤不换药吗？

志　强： 以前有个报道，说有个毕业生在南方求职，找了好几家公司都没成，不是因为别的，就因为他姓裴，跟"赔钱"的"赔"一个音。他说都知道找工作有性别歧视，可他却是姓氏歧视，一气之下他准备改母姓了。你完全可以写一篇关于忌讳和吉利话的调查报告，分析一下人们的心理，肯定能得高分。

铃　木： 你这个建议不错！那你们再给我提供一点儿材料吧，多多益善。

郝　阳： 想要听啊，多着呢！你看看这条红皮带，这可不是随便系的，本命年的人才用它。人的属相十二年轮一次，到你的本命年的时候，系上一条红腰带就能避邪。不过说实话，我倒没想起来，这是我妈妈寄给我的，还有一双红袜子。平时用不上，我就收着，留作纪念。

铃　木： 我知道了，中国人特别喜欢红色：结婚时贴大红喜字，新人要戴红花；春节要在门前挂大红灯笼，门上贴红色的春联；就连给孩子们的压岁钱也要放在红包里。所以腰带也要做成红色的了。

志　强： 对了，我们给球队加油的时候也爱穿红衣服呢。

铃　木： 吉利也好，忌讳也好，都得入乡随俗。哪个民族都有这样的讲究，要是不知道就会闹笑话，严重的还会闹矛盾。我是得好好儿琢磨琢磨，这次的考察作业就写一个谐音比较报告吧。

词语

1	吉利	jílì	(形)	幸运、顺利：说~话｜~数字。
2	哄堂大笑	hōngtáng dàxiào		形容全屋子的人同时大笑。
3	忌讳	jìhuì	(名)	taboo
4	鱼刺	yúcì	(名)	small bone of a fish：一根~｜嗓子被~扎（zhā）了。
5	渔业	yúyè	(名)	fishery
6	枣	zǎo	(名)	jujube; (Chinese) date
7	栗子	lìzi	(名)	chestnut
8	图	tú	(动)	极力希望得到。做某事是为了……：~名~利。
9	蜜月	mìyuè	(名)	honey moon：到国外度~｜~期。
10	谐音	xiéyīn	(名)	字词的音相同或相近。
11	盛行	shèngxíng	(动)	广泛流行：~一时。
12	甩卖	shuǎimài	(动)	降价大量出售：大量~｜节前~。
13	吃香	chīxiāng	(形)	受欢迎；受重视：在领导面前很~。
14	彩票	cǎipiào	(名)	lottery ticket：福利~｜体育~｜中（zhòng）~。
15	一厢情愿	yì xiāng qíng yuàn		只管自己愿意，不考虑别人愿意不愿意。泛指办事时全从主观愿望出发，不考虑客观条件。
16	植被	zhíbèi	(名)	vegetation：绿色~｜~很丰富。
17	稀少	xīshǎo	(形)	事物出现得很少：植被~｜人烟~。
18	水土流失	shuǐtǔ liúshī		土地表面的土壤被水冲走或被风刮走。
19	下令	xiàlìng	(动)	下达命令：上级~执行｜领导~三天内解决问题。
20	撵	niǎn	(动)	驱逐，赶走：~走｜~开｜把鸡~出门去。
21	高端	gāoduān	(形)	等级、价位等在同类中较高的：~技术｜~产品。

22	大气	dàqi	（形）	气势大：这款皮沙发很~，放在大客厅里正合适。
23	档次	dàngcì	（名）	按一定标准分成的不同等级。
24	气派	qìpài	（形、名）	神气，有精神。也指人的态度作风或某些事物所表现出来的气势，manner：这座建筑真~，让人震撼！｜明星~。
25	白头偕老	báitóu xié lǎo		（新婚颂词）夫妻共同生活到老。
26	奔丧	bēnsāng	（动）	从外地急忙赶回去料理长辈亲属的丧事。
27	懊丧	àosàng	（形）	因事情不如意而情绪低落，精神不振。
28	十字架	shízìjià	（名）	cross：背着~｜放下~｜心中背负~。
29	墓地	mùdì	（名）	graveyard
30	歧视	qíshì	（动）	to discriminate：性别~｜~他人。
31	姓氏	xìngshì	（名）	surname
32	一气之下	yí qì zhī xià		因为生气而马上做某事。
33	多多益善	duōduō yì shàn		越多越好。
34	属相	shǔxiang	（名）	用来记人的出生年的12种动物。
35	避邪	bì xié		迷信的人用特别的方法避免不吉利的事情。
36	灯笼	dēnglong	（名）	lantern：一对~｜挂~。
37	春联	chūnlián	（名）	春节时贴在大门上的对联：一副~｜贴~。
38	压岁钱	yāsuìqián	（名）	春节时长辈给小孩儿的钱：得~。
39	入乡随俗	rù xiāng suí sú		到一个地方就按照当地的风俗习惯生活。
40	琢磨	zuómo	（动）	思索，考虑：~了半天也没搞懂。｜这件事你再~~。

注　释

1. 吃醋

　　be jealous of，多用在男女关系上。中国人认为这种感觉像醋一样酸。

2. "888" "168"

这些数字如果用广东话说,与"发发发""一路发"谐音。"发"指"发财","一路发"指一个劲儿地发财。

3. 内陆地区

指与海洋不相邻的地区,与"沿海地区"相对。在中国,"内陆地区"经济发展相对落后一些。

4. 往枪口上撞

也常说成"撞在枪口上"。比喻无意中使自己落入倒霉、危险的处境。

5. "劳斯莱斯""奔驰"等

奥迪(Àodí),Audi;桑塔纳(Sāngtǎnà),Santana;劳斯莱斯(Láosīláisī),Rolls-Royce;奔驰(Bēnchí),Benz;雪佛来(Xuěfólái),Chevrolet;别克(Biékè),Buick。

6. 又别又克

"别"是多音字,这里"别"读作 biè,指用某物绊住对方使其不能正常行动,如"用腿把他别倒""用车别住另一辆车"。"克"是控制、战胜的意思。中国古代有关于"金木水火土"五行之间相互作用和影响的说法,如木能生火,火能克金。还有"克夫、克妻"这样迷信的说法,指使配偶不顺利甚至短命。

7. 换汤不换药

中医用草药熬药汤,这句话比喻只改变形式不改变根本内容。

8. 本命年

中国传统上习惯用 12 种动物记人的出生年,每 12 年重复一次。例如某人出生年是龙年,再遇龙年,就是这个人的本命年。

练 习

(一)课文部分

一 用正确的语调朗读下列句子:

1. 梨可不能分着吃!
2. 我还真没注意这个。
3. 你那个号码里不仅没有一个 8,还有两个 4、一个 7 呢!

4. 说来说去，这都是经商者的一厢情愿。

5. 人家不把你撵出去才怪呢。

6. 想要听啊，多着呢！

7. 我是得好好儿琢磨琢磨，这次的考察作业就写一个谐音比较报告吧。

二 说出下列各句的含义：

1. 我倒不是迷信，可也别破坏了规矩。

2. 我不吃醋，可是我吃"忌讳"。

3. 至于"8"是不是真能给商家带来好运，鬼才知道！

4. 专往枪口上撞。

5. 他们真想得出来！

6. 那不是换汤不换药吗？

三 根据课文内容回答下列问题：（请使用提示词语）

1. 梨为什么不能分着吃？
   （分离　同音　吉利）

2. 在山东一些地方，为什么人们不把鱼翻过来吃？应该怎么吃？
   （鱼刺　渔业　渔民　翻　划）

3. 说一说民间结婚时的习俗。
   （枣　栗子　花生　早生贵子　有儿有女）

4. 关于数字有哪些讲究？
   （8　4　7　商家　经济学　发财　忌讳）

5. 结婚时的喜车搭配要注意什么问题？
   （"奥迪"　"桑塔纳"　"奔驰"）

6. 课文中说到的"姓氏歧视"是怎么回事？
   （毕业　求职　姓　赔钱）

7. 中国人在什么时候会用到红色？
   （贴　挂　戴　放　做）

四 请将本文提到的吉利、忌讳的事情一一举出：

1. 吉利的事：

2. 忌讳的事：

（二）词语部分

一 标出下列词语的读音，然后在句中填入适当的词语：

懊丧　　琢磨　　多多益善　　盛行　　稀少　　歧视　　姓氏　　谐音

1. 广州人春节时都爱买一盆金桔，因为广东话里"桔"和"吉"（　　　　）。
2. 晒太阳不是（　　　　）。
3. 他认为自己受到了（　　　　），所以情绪特别激动。
4. 最近降水（　　　　），感冒的人也多起来了。
5. 这段话很难，我（　　　　）了半天才明白作者的意思。
6. 我们队最后以一分之差败给了对方，真让人（　　　　）。
7. 你的（　　　　）笔画有多少？

二 从所给的答案中选择一个，完成句子：

1. 这套书原价200元，打了6折，我花了（120元／80元）。
2. 这是当地向老人祝寿的规矩，（不遵守别人也不会埋怨你／你就入乡随俗吧）。
3. 他一进门大家就哄堂大笑，（他也大笑起来／他心里很紧张）。
4. （人们都喜欢买／买的人很少），看来彩票在这里不太吃香。
5. 他总是在商店甩卖的时候才购物，（真大方／真节约）。
6. 别看这座佛像只有10厘米高，可做得很精巧，看上去就（很有档次／很气派）。
7. 这只是他自己一厢情愿，最后当然（成功／失败）了。
8. 他为了（忌讳／避邪），脖子上戴了一个护身符（hùshēnfú）。
9. 你昨天把人家撵出去了，（今天他一定会再来的／他肯定不会再来了）。
10. 她一气之下打了儿子一顿，现在很（后悔／生气）。

三 用画线词语简单回答下列问题：

1. 为什么西北地区水土流失会那么严重？
2. 宾馆、饭店是怎么分出档次的？
3. 你怎么看待生活中的忌讳？
4. 如果你打算开一家公司，会不会考虑"吉利"，选一个"好日子"开张？

（三）句式部分

用给出的词语改说或完成句子：

1. ……一下子……，据说……

    "888"（发发发）、"168"（一路发）之类的数字一下子吃香起来。我们老板的手机号有连着的三个8，据说花了不少选号钱。

    1）因为这里要修建地铁，周围的房子就好卖了。特别是两居室的房子，三天就卖光了。

    2）她写了一本畅销书，被人记住了，结果不光写的其他书受欢迎，还被邀请到大学里去讲学了。

    3）那里发生了7级地震，……

    4）他口算数学题快得很，……

    5）那家公司破产了，……

2. ……，至于……

    这都是经商者的一厢情愿，至于"8"是不是真能给商家带来好运，鬼才知道！

    1）这些方法都是听别人说的，是不是有效，我可不知道。

    2）我只想尽可能把事情办好，最后会不会受到人们的批评，我考虑不了那么多了。

    3）他们试验了又失败，失败了再试验，一心要成功，……

    4）他这个人只要现在舒服就行，……

    5）我只不过知道那个地方的名字，……

3. 为了强调，使用排比句式

   中国人特别喜欢红色：结婚时贴大红喜字，新人要戴红花；春节要在门前挂大红灯笼，门上贴红色的春联；就连给孩子们的压岁钱也要放在红包里。所以腰带也要做成红色的了。

   1）新年时的气氛特别热闹，大街上……，家里……，人们之间……

   2）他收集了各种各样的汽车模型，……（如旧式的、新式的，大型的、小型的，国外的、国产的等）

   3）面粉可以制作多种食品，……（做法、种类等方面）

   4）这里生长着各种植物，……

   5）广场上有很多人，……

4. A 也好，B 也好，都……

   吉利也好，忌讳也好，都得入乡随俗。

   1）不管你高兴不高兴，我都得这么说。

   2）父亲给了我一笔钱让我开商店，挣钱、赔钱他都不在乎，只要我愿意去试试，他一定支持。

   3）快弄点儿吃的吧，……

   4）我只想早点儿得到一份工作，……

   5）我急需租一套房子，……

5. 要是……，严重的……

   哪个民族都有这样的讲究，要是不知道就会闹笑话，严重的还会闹矛盾。

   1）这种现象不及时制止就会出问题，甚至会引起犯罪。

   2）小孩儿看到这个游戏，……

   3）把公司交给他负责，……

   4）这种病很不好治，……

（四）任务与活动

一 讨论题：

1. 如果有朋友到你们国家去工作或学习，在待人接物方面你会给她／他什么建议？
（如做客、送礼、谈话、礼仪等方面）
2. 在你们国家，下列场合一般使用什么颜色？有什么含义？
    1）婚礼
    2）丧礼
    3）节日
    4）其他
3. 忌讳是不是迷信？它表现出人们的什么心理？

二 就下列问题进行调查并作汇报：

你的朋友们碰到过哪些有关"忌讳"的事？

姓名 \ 问题	何时、何地、何事？	应该怎么做？

口语知识（一）

日常生活中的委婉语

委婉语词在社会生活中是广泛而频繁地使用的。不论在日常生活还是社会政治生活中，随时都会遇见各种各样的委婉语词。它的作用大概是为了说得好听一些、含蓄一些，在某种容易激动的或敏感的情况下，使人们容易接受。如古人委婉地称自己的妻子为"内助"，反映了当时男人出外谋生，女人在家从事家务的情况，故"内助"在旧时也称"内子"，与此相应，丈夫被称为"外子"。"内助"是称呼自己妻子的，略带有谦虚色彩；如果称呼朋友的妻子则加一"贤"字，作"贤内助"，则是又尊敬又委婉了。从前，称自己的妻子往往卑称为"拙荆"，译成现代日常用的汉语，就是"鄙人的很贫寒的女人"。"荆"是"荆钗"中的"荆"，即草木的意思。"拙荆"中的"拙"，就是"鄙人"的委婉说法，或者说，是一种卑称，即说，我这个人不怎么聪明，我这个人比较蠢，或说，我这个人是个笨蛋等等。但你如果不写"拙荆"，而硬写成口头语，把自己的妻子硬说成"我这个没有教养的笨蛋女人"，那就对尊夫人几近侮辱，对自己也几近侮辱了。古人还把自己的妻子谦称为"山荆"，可能就等于说我这个伴儿不过是山沟沟里不见世面的女人——现在这么说，那也就不怎么妙了。

有意思的是，人们生活中有许多事情、许多东西都是——唉，据说最好不要直接叫出来。也许在几千年几百年前的社会里，这是一种禁忌，一种忌讳，后来人们有了知识，打破了某些迷信，对某些现象不觉得神秘了，所以对这些名词也就不再忌讳了。但社会习惯势力是很厉害的，虽不忌讳，仍然不愿去坦率地把它叫出来。而在岁月的推移中，又出现了一些新的忌讳。为了忌讳就出现了代替性质的词，这就是日常生活中使用的委婉语词。

比方说，几百年前的英语里是不大说"裤子"的，大概那时上流人等神经过于敏感，或者说都是些假道学之流，一提到"裤子"，就会想入非非，竟至于想到不道德行为，所以那时候的上流社会用的英语，留下了令人发笑的委婉语词。比如用"不能够描写的东西""决不可以提及的东西"来作"裤子"的委婉语。此外还有"别说出来的东西""供你垫着坐的东西"等等。如果我们现在还用这几个令人发笑的委婉词，那不只叫人笑破肚皮，简直会被送入神经病院也说不定。由此可见，委婉语词有时代性。

某些生理名词据认为也是不能说的，说出来"有伤大雅"。比方"拉屎"，据说很粗俗，人们在日常生活中改称为"大便""大解""上厕所"，文言叫"如厕""出恭"。现在通用的委婉说法多为："我出去一下儿""我去方便一下儿""去一号""去一下儿洗手间"，而在港台地区则喜欢用"去化妆间"。

生活中的不"雅"现象一般也较难说出口。比如"怀孕"，如果说"她大肚子了"，似觉不"雅"，人们宁愿说"她有喜了"，"有喜"就是大肚子的代名词。人们也说"她有了"——有什么了，自然不明说。"她快当妈妈了"，这比较坦率，也比较委婉。

提到别人生理上的缺陷，在日常生活中人们也尽量用委婉语词。比如说人家"耳聋"，似乎不很礼貌，人们不说"聋"而说"耳朵背"，或者说"耳朵有点儿不好""耳朵有点儿不便"，古人则说"重听"。对比较胖的人，人们会说"你发福了"；对比较瘦的人，则说"你真苗条"。在公共汽车上，给腿脚有毛病的人让座，售票员不说"给这位瘸子让个座"，而说"这位腿脚不方便，哪位给让个座"，这样让人听起来顺耳多了。

社会上还有另外一些委婉语词，如：孩子上学得意思意思，求人办事得意思意思。这个"意思意思"就是给点儿好处的委婉语词。把不便说、不好意思说、不能直接说的话用委婉语词说出来，双方自然了然于胸，同时又彼此留有余地。

当面拒绝别人，这在中国人看来是很不礼貌、缺乏修养的事，而当面被人拒绝也会令人十分尴尬，甚至下不了台，因此人们尽管心里是拒绝的，往往也不会直截了当地表示出来，而是说"行，行，以后再说吧""等我们研究研究""好，好，先把材料放这儿吧""以后我们再跟您联系"。这些多半都是推托的话，听到这些你最好还是放弃希望。

当今社会生活要求快速、敏捷、准确，所以日常生活中倾向于不说那么多转弯抹角的委婉语词，而更倾向于简单明了、坦率直说。加上忌讳的、神秘的色彩在现代社会中愈来愈少了，委婉语词也就日益减缩它的应用范围了。

（根据陈原《语言与社会生活》改写）

第四课 退休了也不闲着

热身话题

1. 你们国家规定的退休年龄是多大？
2. 退休以后继续工作的一般是什么人？
3. 老年人主要有什么样的体育运动和社会活动？

本课人物：林父、林母、退休的孙大爷和周平

场　　景：早上，公园

林　母： 周平！你探亲回来了？有好几个月没见了吧？

周　平： 是啊，我上星期回来的。这么长时间没见，你们都挺好的吧！

林　母： 还不错。你这套衣服可真别致，简直跟模特似的，我差点儿没认出来。

林　父： 这衣服你穿挺合适的，肤色也很相配。你们女士怎么打扮都好看。

周　平： 男士们穿得也很潇洒呀。我最喜欢看你们俩跳舞了，不光衣着得体，配合也特别默契，看起来很有美感。（跟孙大爷打招呼）老孙也来了！你太极拳打得真到家，我练的时间也不短了，可就是没您这种架式。

孙大爷： 让各位见笑。跳舞我是外行，我五音不全，不会踩点儿，只会踩人脚，我就干脆来这种不妨碍别人、自我满足的方式。（做了几个动作）

你们瞧，我的腰腿还可以吧。

周　平：您可真有功夫！这儿鸟语花香的，慢慢悠悠地来上几套拳，真是神仙过的日子！哎，老伴儿去跳扇子舞了？

孙大爷：她呀，现在改跳广场舞了，说这种舞既有现代舞的节奏，又有民族舞的优美，还能认识不少新朋友。她是个好动的，我是个好静的，所以，她跳她的广场舞，我练我的太极拳，互不干涉。

林　母：你们俩都挺会安排的，各找各的乐子。在家是不是也这么民主呀？

孙大爷：我们老两口儿早就退休了，家里没什么可忙的。我买菜，她做饭；我擦地板，她收拾屋子。平时挺轻松的，不过，一到周末就不行了，儿子、女儿两家人都回来了。不说别的，光这几顿饭就够她忙的。可是说归说，我那老伴儿还不会享福，孩子们要是哪个周末没来，她反而会坐立不安。这不，女儿快坐月子了，我说请个月嫂，她说不必，要亲自伺候。到时候我请个小时工吧。

周　平：你们一大家子热热闹闹聚在一起，多好啊！我女儿念书念到二十六七才工作，现在都过三十了，还没对象呢。我一托人给她介绍，她就跟我急，不让我管她的事。不怕你们笑话，她长这么大没跟我顶过嘴，可在这件事上，我们简直要闹翻了。我恨不得替她去相亲，她说我在"逼婚"。不结婚不要紧，有个对象谈着我也不至于操这么大的心。

孙大爷：我们邻居有个小伙子挺不错，三十三，博士毕业，搞电脑。要不我给牵牵线？不过，话说回来，现在的年轻人在恋爱婚姻上都有自己的一套看法。我儿子快四十了，跟儿媳是网恋，两口子说不要孩子，要享受二人世界。我们都想抱孙子啊，可也没办法。唉，不生就不生，由他们去吧。

周　平：家家有本难念的经。还是说说咱们吧。退休前我盼着快退休好清闲清闲，退休后又觉得还是忙点儿好，要不整天无所事事，时间真不好打发。我真羡慕你们，都退而不休。（对林母）你在单位返聘，老孙在居委会干，老林也总是忙个不停。

林　父：我有今天这份心情可不容易哟！原来我也是坐办公室的，退休以后没什么业余爱好，有时候我觉得自己在家里成了一个多余的人，挺失落的。刚退休那会儿，我一下子瘦了十多斤。整天总琢磨着怎么打发时间，有一阵子把厨房当作用武之地，每天下午四点就钻进去了。现在呀，我养花草、练毛笔字，一周还有两次帮孙女的学校维持放学时的秩序。我们最近还打算报团出国旅游呢。

周　平：看不出来您还有这么大的变化呀！看您现在过得多好，比年轻人还有活力！

林　父：还是老喽！不服老不行啊。人一老毛病就来了，身体确实比不上年轻的时候。不过现在人们寿命延长，从退休到"见马克思"也得有二三十年的日子。唉声叹气没有用，不如好好儿利用这段时间，做一些力所能及的事。一来，咱们可以享受人生，辛苦一辈子了嘛；二来可以做一些有益于社会的事，发挥发挥余热。我现在想做的事可多了，反而觉得时间不够用了。

周　平：听你这么一说，我也应该找点儿事干，看来真跟歌儿里唱的似的，"外边的世界很精彩"。

孙大爷：是啊，大家聚在一起，大到国家大事，小到柴米油盐，都有说的。我跟你们不都是在这儿认识的吗？包括我这养鸟经验，也都是退休以后才积累起来的。

林　母：周平，我有个朋友在市文化馆，他们那儿有中老年合唱团，现在又在筹备中老年时装队。我听你哼过歌，满是回事儿的。你要个头儿有个头儿，要身材有身材，哪个队都能参加。

周　平：年轻的时候也确实喜欢唱来着，好长时间不唱，怕是嗓子不行了。

林　父：先去试试，多练习练习就行了。

周　平：好，那我就去报个名！老孙，麻烦您回头打听打听你们那位邻居，要是人家愿意考虑，我就带张照片来。我女儿长得还是满不错的呢，人也特别能干。

孙大爷：肯定错不了！您的女儿嘛！那还不是百里挑一！就看他们有没有缘分了。

词　语

1	探亲	tàn qīn		多指探望父母或配偶：请假~｜出国~｜请~假。
2	别致	biézhì	（形）	新奇，跟一般不同。
3	肤色	fūsè	（名）	皮肤的颜色。
4	潇洒	xiāosǎ	（形）	（神情动作）自然大方，不呆板，不拘束。
5	衣着	yīzhuó	（名）	身上的穿戴，包括衣服、鞋袜、帽子等：~华丽｜从~看，她像个大学生。
6	得体	détǐ	（形）	言语、行动等很合适、恰当：说话~｜他今天的衣着很不~。
7	相配	xiāngpèi	（形）	（外表、地位等）配合起来很合适：这个盖子和杯子不~。｜这对夫妻很~。
8	到家	dàojiā	（形）	达到相当高的水平或标准：动作很~｜模仿得很~。
9	架式	jiàshi	（名）	姿势，姿态，posture：这副~｜做出打架的~。
10	外行	wàiháng	（名）	不懂某事情或工作，或对某事情或工作没有经验的人。
11	五音不全	wǔ yīn bù quán		不懂音乐的节拍，唱歌总是走调。
12	踩点儿	cǎi diǎnr		跳舞时伴随着音乐节拍。"点儿"，musical rhythm。
13	鸟语花香	niǎo yǔ huā xiāng		有鸟叫，有花的香气，形容环境美好。
14	慢慢悠悠	mànmanyōuyōu	（形）	形容缓慢，也说"慢悠悠"。
15	神仙	shénxiān	（名）	神话传说中的人物，有超人的能力，超脱尘世，长生不老。
16	节奏	jiézòu	（名）	rhythm
17	乐子	lèzi	（名）	快乐的事，用于口语：找~。
18	享福	xiǎng fú		生活得安乐美好，享受幸福：享子女的福。
19	坐立不安	zuò lì bù ān		坐着、站着都不安宁，形容忧惧痛苦或心情烦躁。
20	小时工	xiǎoshígōng	（名）	帮人做家务，按小时得到工钱的人。

21	顶嘴	dǐng zuǐ		多指跟大人争辩，是不礼貌的行为：跟大人～。
22	闹翻	nàofān		好的关系因意见不一样而变坏或变紧张。
23	相亲	xiāng qīn		为了找对象，家长或本人相看对方：这是一个～节目。｜替儿女～｜相过三次亲。
24	逼婚	bīhūn	（动）	给对方压力，强迫对方结婚：怕父母～。
25	牵线	qiān xiàn		介绍双方认识或发生联系：～搭桥｜他们俩恋爱是我牵的线。
26	念经	niàn jīng		信仰宗教的人朗读或背诵经文。
27	清闲	qīngxián	（形）	不操心；清静、有时间：一份～的工作｜退休后很～。
28	无所事事	wú suǒ shì shì		闲着什么事也不干。贬义词。
29	打发	dǎfa	（动）	因无聊而消磨（时间、日子）：玩儿游戏～时间。
30	返聘	fǎnpìn	（动）	聘请退休人员回原单位工作：她被单位～了两年。
31	用武之地	yòng wǔ zhī dì		使用武力的地方，比喻发挥才能的地方。
32	活力	huólì	（名）	旺盛的生命力：充满～｜他身上散发着青春～。
33	唉声叹气	āi shēng tàn qì		因伤感、烦闷或痛苦而发出叹息的声音。
34	一辈子	yíbèizi	（名）	一生：辛辛苦苦～｜当了～司机。
35	余热	yúrè	（名）	生产过程中剩余的热量，比喻老人的作用。
36	筹备	chóubèi	（动）	事先策划准备：～小组｜～委员会｜正在～一所新医院。
37	时装	shízhuāng	（名）	式样最新的服装：～展览｜～秀｜设计～。
38	个头儿	gètóur	（名）	身材或物体的大小：她～很高。｜这种苹果～真大。
39	怕（是）	pà(shì)	（副）	表示推测，恐怕、可能：他三天没联系我了，～出事了。
40	百里挑一	bǎi lǐ tiāo yī		一百个人里挑选出一个，形容十分优秀、难得：这些演员都是～的，演得当然很棒了。

注 释

1. 坐月子

   指妇女在生孩子后的第一个月里调养身体。

2. 月嫂

   专门照顾产妇和婴儿的妇女。

3. 家家有本难念的经

   比喻每个家庭都有难以解决的问题。

4. 居委会

   居民委员会的简称,负责管理居民日常事务的群众自治组织。

5. 坐办公室

   指在机关工作,每天八小时都需要待在办公室里。

6. 见马克思

   信仰共产主义的人对"死"的一种幽默说法,"马克思"指 Karl Marx。类似说法如"见上帝"。

7. 柴米油盐

   都是生活中离不了的东西,泛指日常生活的必需品。

8. 满是回事儿的

   水平高,有专业的味道。夸奖的话。

练 习

(一)课文部分

一 用正确的语调朗读下列句子:

1. 男士们穿得也很潇洒呀。
2. 你们瞧,我的腰腿还可以吧。
3. 所以,她跳她的广场舞,我练我的太极拳,互不干涉。
4. 我一托人给她介绍,她就跟我急,不让我管她的事。
5. 唉,不生就不生,由他们去吧。
6. 好,那我就去报个名!

7. 肯定错不了！您的女儿嘛！

二 说出下列各句画线部分的含义：

1. 这儿鸟语花香的，慢慢悠悠地来上几套拳，真是<u>神仙过的日子</u>！
2. 她长这么大<u>没跟我顶过嘴</u>。
3. <u>由他们去吧</u>。
4. <u>家家有本难念的经</u>。
5. 从退休到"<u>见马克思</u>"也有二三十年的日子。
6. 我听你哼过歌，<u>满是回事儿的</u>。

三 根据课文内容填空：

人物	爱好	家庭情况	有无兼职	操心的事
林父				
林母				
孙大爷				
周平				

四 根据课文内容回答下列问题：（请使用提示词语）

1. 孙大爷和老伴儿的爱好有什么不同？
   （跳舞　太极拳　互不干涉）

2. 孙大爷的老伴儿是个什么样的人？
   （平时　周末　够她忙的　反而　坐立不安）

3. 周平和女儿的关系怎么样？
   （对象　急　顶嘴　闹翻　相亲　操心）

4. 林父刚退休的时候心情怎么样？
   （多余　失落　打发　用武之地）

5. 林父现在对"老"有什么看法？
   （不服老　"见马克思"　唉声叹气　力所能及　享受　发挥）

6. 林母认为周平的条件适合做什么？
（个头儿　身材　参加　市文化馆　合唱团　时装队）

（二）词语部分

一 标出下列词语的读音，然后在句中填入适当的词语：

到家　　唉声叹气　　力所能及　　节奏　　清闲　　打发　　活力　　相亲

1. 他总是（　　　　），好像永远都有解决不了的问题。
2. 我们的生活（　　　　）太快了，要适当放慢一点儿。
3. 他模仿政治家演讲太（　　　　）了，很多人只听声音还以为是真人呢。
4. 谁不喜欢跟富有（　　　　）的人在一起呢？
5. 她年纪大了，但不想被儿女养着，总是做一些（　　　　）的事。
6. 我以前靠玩儿游戏（　　　　）时间，但现在忙得连饭也顾不上吃。
7. 电视里有些（　　　　）节目很受人们的欢迎，不少老人也喜欢看。

二 从所给的答案中选择一个，完成句子：

1. 我们俩（一直吵吵闹闹／青梅竹马，特别有缘），这次终于闹翻了。
2. 这事难办哪！你看总经理还坐立不安呢，你就（别瞎操心了／别干涉了）。
3. 他的妻子现在下岗在家，（正在享福呢／整天唉声叹气的）。
4. 真不愧是你的女儿，找的对象真（潇洒／相配）！
5. 我五音不全，别人一让我唱歌，我就（自告奋勇／狼狈无比）。
6. 他因为紧张，说话（慢慢悠悠的／磕磕巴巴的），真急死人了！
7. 他刚到这个城市，一个朋友也不认识,（再有本事／再外行），也是英雄无用武之地。
8. 你整天无所事事，（多让人羡慕啊／多无聊啊）！
9. 退休以后，一些人靠打麻将（打发时间／发挥余热）。

三 用画线词语简单回答下列问题：

1. 什么样的外语水平才算学<u>到家</u>了？
2. 你在什么事情上是<u>外行</u>？在什么事情上是<u>内行</u>？
3. 做母亲的一般在哪些方面比较操心？
4. <u>五音不全</u>的人会不会成为一个音乐家的知音？
5. 天使和<u>神仙</u>有什么差别吗？

6. 你遇到什么事会唉声叹气？

7. "顶嘴"发生在哪些人之间？

（三）句式部分

用给出的词语改说或完成句子：

1. A……A 的……，B……B 的……

    她跳她的广场舞，我练我的太极拳，互不干涉。

    1）他看电视，我听录音，都有事干。

    2）你开公司，我搞研究，性质怎么能相同呢？

    3）周末我们都能找到乐趣，……

    4）公园里人很多，……

    5）A：你们最近怎么不来往了？

    　　B：……

2. 不说……，光……就……

    不说别的，光这几顿饭就够她忙的。

    1）每天的作业特别多，作文是必须写的，生词也需要准备一个小时。

    2）她真是太辛苦了，除了工作，还要带孩子，忙得一点儿时间也没有。

    3）真想不到你在这么短的时间里能做这么多事，……

    4）那家公司工作够杂的，……

    5）养儿子的花销太大了，……

3. ……，（可是）说归说，要是……，反而……

    不说别的，光这几顿饭就够她忙的。可是说归说，我那老伴儿还不会享福，孩子们要是哪个周末没来，她反而会坐立不安。

    1）我们确实觉得作业多了一点儿，可是学生一点儿作业都没有，就不正常了。

    2）她说太忙了，可丈夫提出把孩子送到奶奶家，她坚决不同意。

    3）不少人都说盼着早点儿退休，……

4）别看她整天说回归自然，想住到乡下去，……

5）A：听说买了汽车以后麻烦也不少，……

　　B：可不是，……

4. A 没有用，不如 B

　　唉声叹气没有用，不如好好儿利用这段时间，做一些力所能及的事。

1）发愁、流泪不解决问题，应该再从头开始，一点儿一点儿地干起来。

2）生气不是办法，还是看看我们现有的条件，先做最重要的事吧。

3）事情到了这一步，不要再互相抱怨了，……

4）不要着急，……

5）老求别人帮忙是不行的，……

5. 大到……，小到……

　　大家聚在一起，大到国家大事，小到柴米油盐，都有说的。

1）公司刚刚成立，人手不够，从招人到发广告，都得老板亲自干。

2）那家超市东西挺多，家具电器、针头线脑，应有尽有。

3）我们是好朋友，……

4）他是个非常细心的人，……

5）他很会修东西，……

6. 要 A 有 A，要 B 有 B

　　你要个头儿有个头儿，要身材有身材，哪个队都能参加。

1）咱们有钱、有人，一定能把这项工作做好。

2）搞物理的、搞化学的，什么样的人才我们都有。

3）那是一家五星级饭店，饮食风味很多，……

4）他们家的小花园搞得很不错，……

5）我这儿什么书都有，……

（四）任务与活动

一 讨论题：

1. 请用几个词描述一下你对中国老人的印象。
2. 你认为多大年龄的人可以算是"老年人"？
3. 老人应该管子女的婚姻、生育问题吗？

二 就下列问题进行调查并作汇报：

1. 采访几名同学，请他们说一说在自己的国家，在对待工作或婚姻的态度上，老年人和年轻人有什么差别。

姓名＼问题	老人的态度	年轻人的态度

总结：

2. 采访几名同学，请他们说一说自己认为什么样的老年生活比较理想。

1) 调查 1

基本信息：年龄_____ 国家_____ 专业_____

观点：

2）调查 2

基本信息：年龄_____ 国家_____ 专业_____

观点：

3）调查 3

基本信息：年龄_____ 国家_____ 专业_____

观点：

4）调查 4

基本信息：年龄_____ 国家_____ 专业_____

观点：

第五课　你真称得上是音乐迷了

热身话题

1. 你有什么爱好吗？
2. 你听说过什么样的收藏迷？
3. 你知道哪些健身活动和户外活动？你喜欢哪些？

本课人物：张华胜、林志强、林雪、铃木雅子

场　　景：几人看完一场足球比赛直播后，来到一家露天酒吧。

华　胜：　这场球太精彩了！太过瘾了！

志　强：　是呀，那个九号真棒！下半场的那一脚射门，角度极刁，守门员只能眼睁睁看着，一点儿办法也没有。

林　雪：　看你们这兴奋劲儿，就好像你们自己赢了似的。

华　胜：　好久没看到这种比赛啦，世界杯就是不一样！志强，下一场咱们一定得去球迷俱乐部看，那儿人多、热闹，更有现场效果，你说呢？

志　强：　那还用说。只是……那个时候我得准备一个考试，恐怕去不了。

华　胜：　到底是大研究生啊，三句话不离学习呀，考试呀。又不占你太多时间，一个周末罢了，不至于就影响你考试吧？再说，你这个铁杆儿球迷，不会是徒有其名吧？

志　强：好啦好啦，我服你啦。到时候看吧，有时间我一定去。

华　胜：这才够朋友。雅子，你得陪志强去吧？

铃　木：我可不去。别看你们平时都文质彬彬的，可一看球，就都认不出来了，又喊又叫、又蹦又跳，疯了似的。我可不想再跟着你们受这份罪了。

华　胜：淑女就是淑女，我们就不勉强了。林姐，你去不去？

林　雪：我也不去，家里有你姐夫一个球迷就够我受的了，经常半夜爬起来看球，不看就睡不着，真不知道有什么可看的。有那工夫我还不如去爬山呢。

志　强：说到爬山，有人说这是自己跟自己过不去的运动。你看，费尽九牛二虎之力，千辛万苦好不容易爬到了山顶，还要一步一步地怎么爬上去的再怎么爬下来。费心、费力又费钱，哪有看球舒服？

林　雪：这你就外行了。没听说吗？人生最大的乐事之一就是向自身极限挑战。爬山就是最好的挑战。当你经过努力，终于爬到最高峰，那种感觉是你平时绝对体验不到的。现在不是都说回归自然吗？爬山才是真正的回归呢！

志　强：是吗？可是除了累，我怎么什么感觉也没有？

华　胜：人跟人不一样，你姐爬山有感觉，你呢，看球有感觉。这就是俗话说的"萝卜白菜，各有所爱"。不过话说回来，大家都有爱好就好，要是什么也不喜欢，那才糟呢！

铃　木：对了，姐，听说你最近参加了一个形象设计班，你想改行吗？

林　雪：志强告诉你的？这个家伙就是嘴快！是这样，最近我们那栋写字楼旁边新开了一家形象设计中心，据说他们的总监是从国外请来的。他们除了日常业务外，还经营化妆品。上周他们办了一个形象设计系列讲座。干我们这行，平时东奔西走的，常常跟人打交道，特别需要这方面的知识，我就去听了听，凑个热闹。

志　强：有问题你可以问雅子，她对这方面比较在行。

铃　木：别听他的，其实我也不大懂。

华　胜：雅子，除了上课，业余时间你一般喜欢做什么？

铃　木：我这个人比较好静，我最喜欢的是听音乐。

华 胜：那你都喜欢什么样的音乐呢？古典的还是现代的？

铃 木：什么都喜欢。不过最喜欢古典音乐，特别是莫扎特的钢琴曲。当然，现代的通俗音乐也不错。

志 强：你们知道吗？雅子最大的爱好就是欣赏音乐。上次一个欧洲乐团来演出，她和室友想去看，但是最便宜的票也要她半个月的生活费。她室友还在犹豫呢，人家眼都没眨一下儿，掏钱就买了。我都服了！

林 雪：哈哈，文文静静的雅子也有疯狂的时候！那你真称得上是音乐迷了。

铃 木：我这还叫迷呀？和我哥哥比，那是小巫见大巫。我哥哥那才真叫迷呢，简直到了发烧的地步。自己组装了音响不说，还专门收集各类音乐制品，光老唱片就不知道买了多少张了。他几乎每个周末都要去古玩市场淘宝，看见喜欢的就买，根本不问价钱。比较有名的唱片我们家基本上都有，而且还有各种不同的版本。这么说吧，把他的收藏品摆在一起，就可以开一个小型展览会了。哎，华胜，听志强说你的老唱片也不少呀。

华 胜：老唱片倒有几张，但没法和你哥哥比。我只是喜欢听音乐，可说不上是音乐迷。

铃 木：那除了看球、听音乐，你还喜欢做什么？

华 胜：我呀，什么都喜欢，但干什么又都是一阵风，样样都通又样样不精。像什么溜冰滑雪啦，开车兜风啦，攀岩蹦极啦，我都有兴趣。现在我最喜欢的是户外探险，已经有了一批志同道合的"驴友"了。

志 强：一说到玩儿你就来劲儿。真不愧是大玩儿家。你们知道吗，华胜最近还请了私人健身教练呢。

林 雪：真下本钱哪！也对，男孩子嘛，没点儿块儿还行？听志强说你还没女朋友，哪天林姐帮你介绍一个？

华 胜：那就拜托林姐了。

林 雪：包在我身上了。哎，说到健身，我认识一个瑜伽教练，说瑜伽特别适合那些不喜欢剧烈运动的人。雅子，你可以去试试。

铃 木：瑜伽？我练得了吗？

词 语

1	过瘾	guò yǐn	（形）	满足某种爱好：这场球赛看得真~。｜咱们去歌厅过把瘾吧。
2	射门	shè mén		足球等比赛时把球踢向对方的球门。
3	角度	jiǎodù	（名）	角的大小。degree of an angle
4	刁	diāo	（形）	在此形容球的角度、路线出人意料，很难防守：线路~｜他发球角度很~。
5	眼睁睁	yǎnzhēngzhēng	（形）	睁着眼睛看，多形容没有办法或无动于衷、无可奈何。
6	铁杆儿	tiěgǎnr	（形）	比喻非常牢固的关系：~朋友｜~哥们儿。
7	球迷	qiúmí	（名）	喜欢看球或看球赛而入迷的人：铁杆儿~。
8	徒有其名	tú yǒu qí míng		白有某种名声，形容名不副实。
9	文质彬彬	wén zhì bīnbīn		形容人文雅而有礼貌。
10	受罪	shòu zuì		受折磨，感觉很痛苦：很~｜受大罪｜受洋罪。
11	淑女	shūnǚ	（名）	温柔、贤慧，有文化有教养的女子。
12	千辛万苦	qiān xīn wàn kǔ		形容非常多的困难和辛劳。
13	极限	jíxiàn	（名）	最高的限度：身体~｜~运动。
14	挑战	tiǎozhàn	（动）	想办法使对方和自己竞争：~自我｜向……~。
15	体验	tǐyàn	（动）	亲身经历：亲身~｜独特的~。
16	回归	huíguī	（动）	回到（原来的地方）：~家庭｜香港~。
17	总监	zǒngjiān	（名）	某领域的第一监管人。inspector general, chief inspector
18	化妆品	huàzhuāngpǐn	（名）	化妆用的物品。
19	东奔西走	dōng bēn xī zǒu		形容为了某种目的到处奔走。
20	在行	zàiháng	（形）	（对某事、某行业）十分了解，富有经验。
21	通俗	tōngsú	（形）	浅显易懂的，适合一般人水平的：~音乐｜~小说。

22	眨	zhǎ	（动）	（眼睛）开闭。to blink
23	文静	wénjìng	（形）	文雅、安静。
24	疯狂	fēngkuáng	（形）	发疯，形容狂热到极点：~的设想｜~地进攻。
25	巫（巫师）	wū(wūshī)	（名）	巫师，会施魔法的人。wizard
26	音响	yīnxiǎng	（名）	专门用于放音乐的电器设备。
27	古玩市场	gǔwán shìchǎng		专门卖旧时代留下来的可供玩赏物品的市场。
28	淘宝	táo bǎo		在看起来无价值或价值较低的物品中找到自己认为价值高的东西。
29	版本	bǎnběn	（名）	同一部作品的不同出版形式。
30	收藏品	shōucángpǐn	（名）	收藏的物品。collection
31	兜风	dōu fēng		为了乐趣、消遣，开车闲逛。to go for a drive
32	攀岩	pānyán	（动）	一种依靠手脚力量及身体平衡能力的攀登运动。
33	蹦极	bèngjí	（名）	一种极限运动。
34	志同道合	zhì tóng dào hé		形容志趣相同，信念契合。
35	驴友	lǘyǒu	（名）	一起旅行的朋友。"驴"是"旅"的谐音。
36	健身	jiànshēn	（动）	通过锻炼使身体健康、体型健美。
37	本钱	běnqián	（名）	用来营利的钱财，"下本钱"意思是舍得花钱投入：~不多｜身体是工作的~。
38	块儿	kuàir	（名）	用于口语，指人身材的高矮胖瘦：这人~很大。
39	拜托	bàituō	（动）	对别人有所请求时说的客气话。
40	瑜伽	yújiā	（名）	一种健身法。Yoga
41	剧烈	jùliè	（形）	强度非常高：~疼痛｜~运动。

注 释

1. ~迷

指因对某事物或某人发生特殊爱好而沉醉其中的人。如：歌迷、影迷、戏迷、球迷、音乐迷等。

2. 三句话不离……

原话为"三句话不离本行"。意思是几句话就会说到和某事有关的内容。

3. 九牛二虎之力

九头牛，两只老虎的力气，形容花费的力气大而多。

4. 萝卜白菜，各有所爱

俗语。比喻每个人的兴趣爱好各不相同。

5. 莫扎特

Mozart，著名的古典音乐大师。

6. 小巫见大巫

"巫"指巫师，wizard。这句话的意思是小巫师见了大巫师，觉得自己没有大巫师高明。比喻某事或某人跟另外的某事或某人一比，就显得不如后者。

练习

（一）课文部分

一 用正确的语调朗读下列句子：

1. 到底是大研究生啊，三句话不离学习呀，考试呀。又不占你太多时间，一个周末罢了，不至于就影响你考试吧？
2. 淑女就是淑女，我们就不勉强了。
3. 人跟人不一样，你姐爬山有感觉，你呢，看球有感觉。
4. 我哥哥那才真叫迷呢，简直到了发烧的地步。
5. 也对，男孩子嘛，没点儿块儿还行？

二 说出下列各句画线部分的含义：

1. 这场球太精彩了！太过瘾了！
2. 淑女就是淑女，我们就不勉强了。
3. 有人说爬山是自己跟自己过不去的运动。
4. 这就是俗话说的"萝卜白菜，各有所爱"。
5. 我这还叫迷呀？和我哥哥比，那是小巫见大巫。
6. 我呀，什么都喜欢，但干什么又都是一阵风。

第五课　你真称得上是音乐迷了　5

三 根据课文内容回答下列问题：（请使用提示词语）

1. 今天的比赛怎么样？
   （精彩　过瘾　真棒　射门　刁　守门员）

2. 华胜怎样劝志强去球迷俱乐部看球？
   （到底　三句话不离　罢了　不至于　徒有其名）

3. 志强怎么看爬山？
   （跟自己过不去　九牛二虎之力　千辛万苦　舒服）
   林雪为什么喜爱爬山？
   （……之一　向……挑战　当……　体验　回归）

4. 最近林雪参加了什么活动？原因是什么？
   （形象设计　据说　除了　东奔西走　打交道　凑热闹）

5. 铃木有什么爱好？
   （好静　欣赏　什么都……　古典）
   铃木的哥哥和铃木爱好一样吗？
   （小巫见大巫　发烧　……不说　小型展览会）

6. 华胜有什么爱好？
   （玩儿家　什么都……　一阵风　……啦，……啦，……啦　本钱）

（二）词语部分

一 标出下列词语的读音，然后在句中填入适当的词语：

挑战　体验　兜风　通俗　积累　在行

受罪　徒有其名　文质彬彬　东奔西走

1. 我对美容不太（　　　　），也不喜欢爬山。我好静，我的爱好是欣赏音乐，特别是古典音乐，（　　　　）音乐也喜欢。

2. 这家公司看起来规模很大、很气派，其实只是（　　　　）罢了。

57

3. 我一坐车就晕，头疼、难受，所以开车（　　　　）对我来说并不是享受，而是（　　　　　　）。
4. 她的男朋友是推销员，戴副眼镜，看起来（　　　　　）的，可是为了推销产品，每天（　　　　　），走街串户的，十分辛苦。
5. 大学时期应该走出校门，多参加一些社会活动，这样可以为以后真正步入社会（　　　　　）一些经验，同时对自己也是一种锻炼和（　　　　　）。

二 从所给的答案中选择一个，完成句子：

1. 现在人们生活水平提高了，很重视休闲娱乐，所以很多人喜欢（待在家里看电视／出去运动、兜风）。
2. 听到有人喊救命，他（连衣服也没脱／眼睁睁），就跳进河里去了。
3. 我进去的时候，他正在自弹自唱，唱得（很来劲儿／很费九牛二虎之力）。
4. 不就是爬了一次山吗？不至于就（连学都不能上了／连山顶也没爬上去）。
5. 他号称是"中国通"，但连这句俗话也不知道，真是（名副其实／徒有其名）。
6. 她男朋友对电脑很（在行／外行），一般的小毛病都难不住他。
7. 攀岩、蹦极等户外运动，都是（挑战自身极限的运动／有很多"驴友"的运动）。
8. 这家旅馆位于市中心，每天（东奔西走／南来北往）的客人非常多。
9. 她跳她的广场舞，我打我的太极拳，这叫（萝卜青菜各有所爱／小巫见大巫）。
10. 她是个（嘴笨／嘴馋／嘴快）的人，看到美食就要享用，根本不问价钱。

三 简单解释下面画线部分的意思：

1. 这场球太精彩了！太<u>过瘾</u>了！
2. 你这个铁杆儿球迷，不会是<u>徒有其名</u>吧？
3. 有问题你可以问雅子，她对这方面比较<u>在行</u>。
4. 他几乎每个周末都要去古玩市场<u>淘宝</u>。
5. 我已经有了一批志同道合的"<u>驴友</u>"了。
6. 男孩子嘛，没点儿<u>块儿</u>还行？

（三）句式部分

用给出的词语改说或完成句子：

1. 到底……

到底是大研究生啊，三句话不离学习呀，考试呀。

1）他是老北京，北京的名胜古迹、大街小巷没有不知道的。

2）一分钱一分货，新一代的电脑速度比以前快多了。

3）他是名牌大学毕业生，……

4）他是铁杆儿球迷，……

5）……，名胜古迹比比皆是。

2. ……，不至于……

又不占你太多时间，一个周末罢了，不至于就影响你考试吧？

1）我们是多年的老朋友，互相很了解，我说他几句他不会生气。

2）他办事一向很稳重，一定会完成任务，不会出什么事。

3）我只是有点儿感冒，……

4）他们只是吵了几句嘴，……

5）今天只是比昨天冷一点儿而已，……

3. 别看……，可……

别看你们平时都文质彬彬的，可一看球，就都认不出来了，又喊又叫、又蹦又跳，疯了似的。

1）他长得高高大大，可是胆子很小，连蟑螂（zhānglíng, cockroach）也不敢打。

2）王林在课堂上积极发言，特别活跃，平时却埋头读书，很少说话。

3）现在这儿是一座现代化的城市，……

4）大卫说打算打一辈子光棍儿，……

5）这本书看起来很厚，……

4. 这还叫……

我这还叫迷呀？和我哥哥比，那是小巫见大巫。

1）我家的装修不算漂亮，小李家比我家漂亮多了。

2）大卫的汉语书不算多，他的老师王教授家的书几个书柜都装不下。

3）A：你做的菜辣死了！

B：……

4）A：这次的考题怎么这么难哪！

B：……

5）A：房租一个月要5000块？太贵了！

B：……

5. 一说到……就……

一说到玩儿你就来劲儿。

1）那个小伙子对老人很没有礼貌，老人说起这件事就一肚子气。

2）小王对女朋友满意极了，每次谈到女朋友他都一脸幸福。

3）张华胜简直是个汽车迷，……

4）我女儿最不喜欢数学，……

5）大卫是个美食家，……

（四）任务与活动

一 讨论题：

1. 你喜欢观看什么球类比赛？
2. 你喜欢参加什么户外运动？
3. 你喜欢什么类型的音乐？你一般怎样欣赏音乐？（是一个人静静地听还是和朋友、家人一起听？是听音乐会还是在家听音响？……）

二 就下列问题进行调查并作汇报：

分组调查现在年轻人在以下方面的喜好，汇报调查结果。

A 体育　B 音乐　C 化妆　D 汽车　E 服装　F 食品

三 请你说说：

1. 你认为发展个人的爱好有什么"好处"和"坏处"？例如：

"好处"：

1）增长知识，开阔视野。
2）更好地休息、娱乐。
3）广交朋友，扩大社交范围。
4）锻炼身体，愉悦心情。
……

"坏处"：

1）影响他人，噪音扰民。
2）可能会花很多钱，造成家庭经济困难。
3）有人因为爱好，不能全心投入工作，玩物丧志。
……

爱好	好处	坏处	解决方法
养宠物（狗、蛇等）			
学习乐器（钢琴等）			
跳广场舞			
旅游			
收藏			
摄影			

2. 采访不同年龄的人，请他们说一说自己的爱好，然后总结年轻人和中年人、老年人的爱好有哪些异同。

类别 姓名、年龄	体育用品	音乐唱片	化妆品	汽车	服装	食品	其他

第六课　节俭是美德

热身话题

1. 你的旧东西怎么处理？
2. 你认为哪些东西放着没有用，扔了又可惜？
3. 哪些行为算是"浪费"？哪些行为算是"节约"？

本课人物：林父、林母、林志强

场　　景：志强在家里收拾阳台，父母从外面回来听见响动，吓了一跳。

林　母：哎哟！原来是你，吓了我一跳。我当是小偷进来了！你今天不是有课吗？在这儿折腾什么？

志　强：今天的讨论改时间了。我到阳台上找点儿东西，发现堆的东西太多了，干脆帮着整理整理。我姐的新房子不错吧？

林　母：看来你没吹牛，房子真不错。客厅真气派，宽敞明亮，来上十个八个客人也没问题。就是开放式厨房有点儿不好用，厨房和餐厅不分开，一炒菜油烟多大啊！

志　强：现在人们饮食观念也变了，做菜已经不全是煎炒烹炸，烤、蒸、煮、拌的都可以。现在好多人社交活动就在家里，大客厅符合现代人的要求。您也知道，姐夫的客人多，以前家里真没地方招待，现在活动空间就大多了。像餐厅、厕所的使用率比其他房间都高，更得考虑方便和舒适程度。那套房子的设计挺人性化的，这下他们终于可以安居乐业了。

林　母：我说一句，引来你十句，这书可真没白念。我问郝阳邻居的情况，他都一问三不知。还是咱们这种老楼好，都是一个单位的，大家互相关照。

林　父：各有各的好。年轻人比我们会生活，与时俱进嘛。我倒是一直琢磨那俩阳台，应该怎么布置一下，一个晾衣服，一个做花房，花源我管提供，保证他们一年四季花香不断。

林　母：他们哪有时间养花，你得保证经常去浇水呢。他们搬远了，元元就不能常回来了。志强又老不在家，这屋子里就剩咱们俩，多空得慌呀！快成"空巢"了。

林　父：孩子们大了，早晚要飞的。你要是换一个角度想想，这也未尝不是好事。你看他们一买房，连我们都受益。他们条件改善了，我们也多了一个去处。

林　母：哎，他们还订了一套高档家具呢！其实原来那套就挺好的。说不要就不要了，真是花冤枉钱。

林　父：你呀，说你老脑筋你可别生气。那么好的房子，放一套旧柜子在里面也不相配。郝阳常常在家办公，换一套好点儿的也应该。

林　母：简直成了宫殿了，过去的皇帝也比不上他们。不过，不怕你们说我多嘴，过日子总是要细水长流。房子是好，但取暖费、物业费、停车费，加上水电什么的花销也挺大，还是得仔细一点儿。

林　父：我说你呀，老脑筋也该换换了！咱家那台旧电视，要不是孩子们坚持换，你肯定还在凑合看呢。年轻人现在工作都很拼命，也有机会发展，高收入高消费嘛。他们的想法我支持，不必死攒钱，在经济能力许可的条件下不妨享受享受嘛。

林　母：这个老头子，倒教训起我来了，好像我这一辈子亏待了你似的。

林　父：那可不！还没受够呢，下辈子还得来找你。

（林母看到志强在阳台上整理东西）

林　母：志强，我的东西都放得好好儿的，又不碍你的事，别乱动。

志　强：您这儿简直就是个仓库。什么小车、小椅子，还有小床，反正元元也用不着了，赶紧送人吧。

林　母：送谁呀？我是准备留给你的！东西都挺好的，省得到时候再买。

志　强：您想得可真远，我结婚还不知猴年马月呢，再说那会儿不知又有什么更省力、更安全的产品上市了。

林　母：那也不能浪费。你们年轻人哪，就爱赶个时髦，我看你将来也是个"月光族"。小孩子的东西新旧无所谓，元元穿过的衣服我也留了几件。且不说花钱买是浪费，有的新衣服穿着还不一定舒服。我留的都是有用的。

志　强：那这黑白电视总可以扔掉吧，不中看也不中用。您留这个破烂儿干什么？

林　母：胡说什么？那可不是破烂儿。那是你姥姥送给我的嫁妆，跟了我三十多年了，这是我娘家留下的唯一的纪念品了。

志　强：那这旧鱼缸呢？这两把竹椅，留着干吗？

林　母：你呀，看什么都不顺眼。好吧，鱼缸你拿到宿舍去，从咱家捞上几条鱼去养着。椅子嘛，送给门口修车、修鞋的师傅算了。

志　强：到您这儿呀，什么都变成宝贝。要我说呢，您哪点儿都好，就这点儿上显得小气。

林　母：我可不是小气，每次给灾区捐款捐物，我都积极响应。咱家不是还资助着贫困学生嘛。我不是舍不得钱，我是舍不得东西。你们这些年轻人，衣服穿两天就嫌过时不好看，东西稍一变旧就赶紧处理掉，潇洒倒是潇洒，可不是过日子的办法。过日子就得精打细算，细水长流。节俭是一种美德！

志　强：您那一套"过日子"的想法也不是不对，但不符合时代潮流了。有一位经济学家说过，淘汰的东西新的程度越高，表明人们的生活水平也越高。人不能做物品的奴隶，东西要懂得"断、舍、离"——断绝、舍弃、脱离，合理简化物品，省出整理的时间、空间、劳力和精力。（叹气）这么看来，我这半天算是费力不讨好，不过我早晚要把阳台腾出来。要是能把您的"宝贝"都处理掉，我爸肯定举双手赞成。

林 母： 那他还不高兴坏了！你爸早就想摆他的"宝贝"了，他是不愿意得罪我才把阳台让给我的。看你弄得这一身，脏死了，快去好好儿洗洗！

词 语

1	节俭	jiéjiǎn	（形）	用钱很有节制，不乱花钱：她很~。
2	美德	měidé	（名）	美好的品德。virtue：传统~。
3	折腾	zhēteng	（动）	反复做（某事）：不要~人丨喜欢~。
4	吹牛	chuī niú		实际达不到、做不到的事说自己能够达到、做到。to boast：喜欢~丨~大王。
5	宽敞	kuānchǎng	（形）	（空间）宽阔，宽大：客厅很~。
6	饮食	yǐnshí	（名）	吃喝，也指饮料食品：~习惯。
7	煎炒烹炸	jiān chǎo pēng zhá		烹调方法。frying, stir frying, fry quickly in hot oil, deep frying
8	人性化	rénxìnghuà	（动）	适合人所具有的正常的感情和理性需要。
9	安居乐业	ān jū lè yè		安定地生活，愉快地劳动。
10	与时俱进	yǔ shí jù jìn		随着时代的发展而不断发展前进。
11	晾	liàng	（动）	把东西放在通风或阴凉的地方，使干燥：~干。
12	空巢（家庭）	kōngcháo(jiātíng)	（名）	子女成年后离家，只有老人单独生活的家庭。
13	受益	shòu yì		得到好处，受到利益：双方~丨保险~人。
14	未尝（不/没）	wèicháng(bù/méi)	（副）	不是（不/没），双重否定，口气更委婉。
15	冤枉钱	yuānwangqián	（名）	指不必花的钱。
16	老脑筋	lǎonǎojīn	（名）	指思想意识跟不上时代。
17	多嘴	duō zuǐ		不该说而说：他自己会处理，你不要~。
18	细水长流	xì shuǐ cháng liú		比喻节约使用财力或人力，使经常不缺。

19	物业费	wùyèfèi	（名）	在生活区内要交的绿化、处理垃圾、使用电梯等费用。
20	花销	huāxiao	（名）	花费：～太大｜必要的～。
21	凑合	còuhe	（动）	勉勉强强、马马虎虎；将就：～用｜实在～不下去了，就买了个新的。
22	攒钱	zǎn qián		to save up money：攒了一笔钱｜攒不住钱。
23	不妨	bùfáng	（副）	表示没有什么关系，可以这样做。
24	亏待	kuīdài	（动）	待人不公平或不尽心：～别人。
25	碍事	ài shì		不方便。to stand in the way
26	猴年马月	hóuniánmǎyuè		指不可知的年月，也说"驴年马月"。
27	中看	zhōngkàn	（形）	看起来很好。
28	中用	zhōngyòng	（形）	顶事，有用。"中看""中用"常一起用：中看不中用。
29	破烂儿	pòlànr	（名）	破烂的东西：收拾～｜把这些～扔掉。
30	嫁妆	jiàzhuang	（名）	女子出嫁时，父母送给她的衣被、家具及其他用品。
31	娘家	niángjia	（名）	已婚女子自己父母的家，与"婆家"相对。
32	唯一	wéiyī	（形）	只有一个：爷爷是他～的亲人了。
33	顺眼	shùnyǎn	（形）	看着舒服：这个人看起来不大～。
34	灾区	zāiqū	（名）	受灾害的地区。
35	捐款	juān kuǎn		为帮助别人拿出钱财。
36	资助	zīzhù	（动）	用财物帮助：～贫困学生｜提供～。
37	精打细算	jīng dǎ xì suàn		（在使用人力、物力上）仔细地计算。
38	淘汰	táotài	（动）	去坏的留好的；去掉不适合的，留下适合的。
39	讨好	tǎohǎo	（动）	故意使自己的言行适合别人的心意，取得别人的喜欢：～领导｜～主人。
40	腾	téng	（动）	使空（kòng）出来：～出一个房间来｜给我～点儿地方。
41	得罪	dézuì	（动）	让人不高兴：～领导｜他说话不注意，常常～人。

注 释

1. 一问三不知

    问什么都不知道。

2. 月光族

    流行词,指将每月赚的钱都花光的人。

3. 断、舍、离

    日本杂物管理咨询师山下英子提出的概念。她从瑜伽的"断行、舍行、离行"中获得灵感,创造出了一套通过日常的家居整理改善心灵环境的"断舍离"整理术。

4. 费力不讨好

    费了很大力气却没有得到好效果。

5. 举双手赞成

    人们表示赞成时只举一只手就够了,"举双手"强调赞成的程度高。

练 习

(一)课文部分

一 用正确的语调朗读下列句子:

1. 哎哟!原来是你,吓了我一跳。我当是小偷进来了!
2. 你呀,说你老脑筋你可别生气。
3. 这个老头子,倒教训起我来了。
4. 送谁呀?我是准备留给你的!
5. 胡说什么?那可不是破烂儿。
6. 那他还不高兴坏了!

二 说出下列各句的含义:

1. 我说一句,引来你十句,这书可真没白念。
2. 不怕你们说我多嘴,过日子总是要细水长流。
3. 还没受够呢,下辈子还得来找你。
4. 不中看也不中用。
5. 我这半天算是费力不讨好。

三 根据课文内容回答问题：（请使用提示词语）

1. 志强为什么回家来？他在做什么？
   （讨论　找东西　堆　整理）

2. 志强姐姐的新家是什么样的格局？
   （厨房　餐厅　客厅　阳台）

3. 林母怎么评价志强姐姐的新家？
   （远　气派　宽敞　厨房　邻居）

4. 志强打算扔一些什么东西？
   （元元用过的　家里淘汰的　母亲保存的）

5. 林母为什么不承认自己小气？
   （捐款捐物　响应　资助　舍不得　过日子）

6. 旧物与人们的生活水平有什么关系？
   （经济学家　新的程度　生活水平）

7. 什么叫做"断、舍、离"？
   （断绝　舍弃　脱离　合理　省出）

（二）词语部分

一 标出下列词语的读音，然后在句中填入适当的词语：

讨好　折腾　得罪　破烂　不妨　晾　多嘴　吹牛　老脑筋　凑合

1. 我的自行车到处都是毛病，不过还能（　　　）骑到回国前。
2. 我也不知什么地方（　　　）了他，他对我爱理不理的。
3. 我们房间里有一只老鼠，我们（　　　）了一个晚上也没把它抓住。
4. 现在都什么时代了，你那（　　　）也该换换了。
5. 我用洗衣机洗完衣服后忘了（　　　）出去了。
6. 你两个月不吃东西还很健康？简直是（　　　），根本不可能！

7. 关于毕业论文的选题，你（　　　　）问问陈老师，他在这方面很有研究。
8. 你只能安静地听听，知道大概情况就行了，不要（　　　　）。
9. 不要老是想着怎么（　　　　）人，那样会让人看不起的。

二 从所给的答案中选择一个，完成句子：

1. 真不知他是怎么工作的，关于经济方面的问题他（一问三不知 / 一问都不知）。
2. 他们正在想办法为灾区（找钱 / 捐款）。
3. 他净干一些（讨好不费力 / 费力不讨好）的事。
4. 你们的提议很有道理，我（举双手赞成 / 举两只手赞成）。
5. 买这个花瓶我花了800块，可是他买的跟我一模一样，才花了550块，我可真是（大手大脚 / 花了冤枉钱）。
6. 这顶帽子我已经忘了是（猴年马月 / 什么时候）织的了。
7. 即使那家公司（亏待 / 得罪）了你，也没必要生那么大气，身体是自己的嘛！
8. 再怎么（精打细算 / 细水长流），这点儿钱也不够两个月的花销。
9. 他现在看什么都不顺眼，你最好（讨好 / 别得罪）他。
10. 我觉得这个专业（未尝没 / 不一定）有前途，过两三年就会热门起来的。

三 用画线词语简单回答下列问题：

1. 除了节俭外，还有什么算是<u>美德</u>？
2. 什么时候不应该<u>多嘴</u>？
3. 本文提到了哪些<u>做菜</u>的方法？
4. 你的主要<u>花销</u>有哪些？
5. 在你们国家，结婚时新娘一般会得到什么样的<u>嫁妆</u>？
6. 什么样的人算是<u>小气</u>？
7. 本文有"<u>月光族</u>"，你觉得"<u>自游族、啃老族、蚁族</u>"是什么意思？

（三）句式部分

用给出的词语改说或完成句子：

1. ……，（也）未尝不……

　　你要是换一个角度想想，这也未尝不是好事。你看他们一买房，连我们都受益。

　　1）从这个方面考虑，也可以试一试，说不定效果不错。

2）作为艺术品，这是一个很好的设计，但肯定不实用。

3）为了将来，我认为应该再去学习一个新专业，……

4）如果是公司经理亲自来请，……

5）A：租房合适还是买房合适？

　　B：……

2. 说A就A了，真是……

　　其实原来那套就挺好的。说不要就不要了，真是花冤枉钱。

1）你不是还有半年才结束吗？怎么马上要走？太可惜了！

2）他们已经相处了五年，可是一下子就分手了，让人难以理解。

3）这么漂亮的一辆车，……

4）他们也没打个招呼，……

5）一个人说话应该负责任，……

3. ……是……，但……，还是……

　　房子是好，但取暖费、物业费、停车费，加上水电什么的花销也挺大，还是得仔细一点儿。

1）最近我的口语进步很明显，但读、写，还有看电视新闻都有点儿吃力，应该再努力。

2）经济专业很热门，不过数学比较枯燥，再说我对经济也不太感兴趣，我打算选择其他专业。

3）跟父母住在一起当然不错，……

4）那家公司收入很高，……

5）你说的有道理，……

4. 什么……，反正……

　　什么小车、小椅子，还有这小床，反正元元也用不着了，赶紧送人吧。

1）戏曲社、诗社、网球俱乐部、武术俱乐部，你会找到一个适合你的社团。

2）枪呀，车呀，鼓呀，号呀，都是男孩子喜欢的玩具，地上堆得满满的。

3）我同屋的桌子上总是放着好多东西，……

4）他喜欢看历史书，……

5）他的爱好可不少，……

5. 且不说……

且不说花钱买是浪费，有的新衣服穿着还不一定舒服。我留的都是有用的。

1）我不喜欢到小摊上吃东西，太吵闹是一个方面，我也担心不卫生。

2）有人常常去逛旧书店，不仅由于价格低，有时候还能碰上已经绝版的好书呢。

3）他们制作的贺年卡很受欢迎，……

4）他的作文写得不错，……

5）我们几个人特别喜欢自助游，……

（四）任务与活动

一　讨论题：

1. 你觉得那些可用的但自己却不再使用的旧物该怎么处理？
2. 你觉得一个家庭最少应该有哪些基本生活用品？
3. 对以下问题你持什么观点？
   1）买房子住还是租房子住？　　2）学生应该买新车还是旧车？

二　就下列问题进行调查并作汇报：

1. 在同学中进行调查，请他们说说以下方面选用什么档次的物品比较合理。

姓名＼项目	衣	食	住	行	生活用品（如手机、电脑等）

2. 调查3—4人每月在以下方面的花费和支出比例,分析一下他们的消费结构。

支出项目 \ 姓名				
食品				
水、电、煤气				
服装				
交通				
医疗保健				
娱乐				
健身、美容				
书籍				
课外学习				
烟酒				
捐款				

结论:

口语知识（二）

谈谈北京话

一般人认为北京人说话就是爱带"儿"字，要不就像电视剧里的侃爷一样能侃，能把稻草说成金条。这实在是对北京话的大大误解。

可以说，北京话是全国各地方言之中最为丰富多彩的方言之一，它特别形象化，有厚重感，而且往往一语双关，充满俏皮和幽默。尤其是那种幽默感，大概是很少方言可以比的。北京话的这些特点是与北京特殊的历史，特殊的政治、文化、经济地位分不开的。现在北京话中，仍能寻找到秦、汉、魏、晋、唐、宋、元、明等各朝代的古词，还能找到很多少数民族语词，比如北京人常爱称呼的"您"就来自蒙古语，"大夫"（医生）则来自女真语。同时，北京城作为古都，既有上至皇帝的宫廷语言，又有下至五行八作的市民语言，这无疑也使得北京话雅俗兼备、相互融合。比如"待见"一词，来自于宫廷，是"喜欢"的意思——被带领着见皇帝，是件光荣的事。而"来劲"这个词，则来自妓院。只不过如今，人们分不清哪个来自玉宇琼楼，哪个来自下里巴人罢了。就是这"罢了"一词，其实也是从满语演变而来的，在《红楼梦》一书中常能见到。

明初迁都北京城以后，随迁而来的江淮一带的官员及随从乃至百姓，无形中使北方语言与中原语言大融合，远距离杂交，呈现出更为丰富新鲜的活力。这种活力进入清代，使得北京话演变为现代的北京话。一部《红楼梦》，就是用这种北京话写成的，它的语言优势无疑已经领导了全国的新潮流。即使到现在，《红楼梦》里的北京话离我们也并不遥远，我们读它并不费劲。

细琢磨地道的北京老话，能看出北京人的智慧。北京话说出来，仿佛看得见、摸得着，非常形象，十分给劲。比如说"宰人"，这是价钱太贵坑人的意思，将要价拟人化了。比如说能力稀松平常，干事没把握，北京人说是"不着调"。连调门儿都没找着，你还能指望他把事情干成了？

比如说事情干糟了，没办法了，北京人说是"没辙"了，或"抓瞎"了。车辙找不到了，还怎么开车？眼都瞎了，还能抓到什么？一下子，把抽象的事情具体形象化了。

比如说天刚黑下来，北京人说是"擦黑儿"，刚刚和"黑儿"擦了边，这分寸劲儿。比如说办坏了事，北京人说是"砸锅"——你说家里的锅有多重要，全家人指着它吃饭，把锅砸了，这事办得有多糟糕吧！

比如说白费事，北京人说是"瞎掰"；说别扭，北京人说是"窝心"；说顺便，北京人说是"带手儿"；说不爱回家，北京人说这人"没脚后跟"；说隐瞒，北京人说这人"蒙天盖井"；即使北京人吵架，不说这事没完，我不服你，而嚷嚷一句："姥姥！"……

这样生动得活灵活现的北京话，可以编一部词典。当然，随着时代的发展，有些北京话，小时候我们还说，如今已经不大讲了，比如"杀口"（味道）、"转影壁"（躲藏）等。另有许多北京话，已经不知不觉流向全国，为各地人运用，只不过没有人意识到罢了。比如"假招子、猫儿匿（māornì）、巴结、怵（chù）头、外快、栽跟头、张罗、套近乎、眼跟前儿、找碴儿（chár）、倒腾、拆兑（chāiduì）……"，原来都是实实在在、地地道道的北京话。

当然，也有外地人一般不用或少用、一下就能听出来的北京话。那是北京的特色，或者说是北京的味儿。一般而言，每一个地方，都有这样的语言，使得这个地方人说出来、听起来，有了色香味的特殊感觉。"二百五、倒饬（dáochi）、嘎杂子、琉璃球、二五眼、赶情（gǎnqíng）、皮实（píshi）、少兴（shàoxing）、数落（shǔoluo）、磁实、寸劲儿、大发（dàfa）、压根儿、眼力劲儿、说话噎人、干活溜嗖（liùsou）、背书不打奔儿、神聊海哨胡抡……"，只要这样的话一说出口，你一准儿认定他是北京人。说这样的话最地道的，要数北京人艺的老演员，或者胡同深处晒太阳的老头老太太。这样的话，让北京有了色彩，也有了历史和现实光彩交错的感觉。

现代北京话，应该说是清人入关之后，满人与汉人共同创造的结晶。当代学者曾经专门研究现今仍旧流行的北京话中的满语词，指出如："好生、糟改（zāogai）（贬低、侮辱之意）、悄默声儿、不碍事、牙碜、外道、打发、哈拉（味道变坏）、各色（特别）、敞开儿、咋呼、巴不得、央格（求人）、奔拉、瞎勒勒（说胡话）……"，都是满语。而今年轻人爱说的"盘儿亮"（脸蛋儿漂亮）、"率"（shuài）（气质好，身材好），恰恰也是满人的创造。

（根据肖复兴《北京人》一书改写）

第七课　各有各的特点

热身话题

1. 在旅行时你喜欢和人聊天儿吗？一般聊什么话题？
2. 你喜欢跟什么性格的人交朋友？
3. 你买东西主要看重什么？（产地、质量、价格、品牌等）

本课人物：林志强、铃木雅子及乘客杜女士、赵先生

场　　景：在火车的卧铺车厢

杜女士：　谢谢你们帮我收拾东西，倒忘了问了，二位贵姓啊？

志　强：　我姓林，双木林。她姓铃木，日本人。你们二位怎么称呼？

杜女士：　我姓杜，木土杜，和唐代大诗人杜甫同姓。他姓赵，百家姓第一个，"赵钱孙李"的赵。

志　强：　您二位也是出来旅游的吗？

赵先生：　我们都是出差。我去我们总公司，她去参加一个图书展销会。

杜女士：　唉，人一参加工作就身不由己了。不像你们当学生的，轻松自在，没什么负担，年纪又轻，身体又好，学习时认认真真地学，休息时又痛痛快快地玩儿，特别是假期，想去哪儿就去哪儿。唉，（开玩笑地）

76

让我羡慕又忌妒啊!

赵先生: 这是你们第一次到南方来吗?

志　强: 我以前和同学去过广州和深圳,她只去过上海和杭州。这次利用暑期社会考察的机会,我们在南方兜了一大圈儿。

杜女士: 说说,都去了什么地方?

铃　木: 我们先去了四川成都,参观了都江堰、杜甫草堂,然后坐船顺长江游览了三峡,经过了葛洲坝,爬了黄山,逛了南京路,游了西湖。中国太大了,中国的山水太美了,我都有点儿……怎么说来着?对了,乐不思蜀!

杜女士: (笑着看看志强)那就留在我们中国好了。

赵先生: 哎,你刚才说的都是风景名胜,除了这些以外,还有没有别的收获?

铃　木: 怎么说呢?除了风景以外,最大的感受就是觉得南方和北方在很多地方都不相同。我到中国以后,大部分时间都是在学校里学习,很少有机会各处走走,所见所闻都是北方的习惯、北方的风俗,另外,我的中国朋友基本上都是北方人,我对中国的了解也主要是北方的。这次到南方才知道自己对中国的理解太片面了。

赵先生: 我是南方人,现在在北方工作,我也觉得南北方有很多差异。比如气候就不一样。北方天气干燥,冬天的西北风又冷又硬,春天的风沙也让人难受。我还是喜欢南方潮湿的空气,舒服!

杜女士: 舒服是舒服,不过到了冬天,南方就比较难过了,没有暖气,屋里屋外一个温度,感觉特别冷。对于北方人,尤其是对像我这样在南方工作的北方人来说很难习惯,不开空调就受不了。

铃　木: 对了,我一直有个问题,南方、北方是怎么划分的呢?

赵先生: 正确地说,是以秦岭—淮河为界划分的。简单地说,就是长江以南为南方,长江以北为北方。

铃　木: 那你们只看外表,能知道一个人是南方人还是北方人吗?

志　强: 一般来说,北方人普遍长得高,南方人相对矮一点儿;北方人大多豪爽粗犷,比较外向,南方人大多清秀细腻,性格也比较内向;北方人不拘小节,南方人就精细一些。

杜女士:	还有，北方人南方人说话也不一样。北方人说话儿化音比较多，南方人"z、c、s"和"zh、ch、sh"不分，"en"和"eng"，"in"和"ing"也常混淆。
铃　木:	有意思，还有哪些不同呢？
赵先生:	我以前看过一篇文章，专门谈到南北方的不同。比如说饮食吧，北方是烤全羊，土豆炖排骨，大碗喝酒，大块吃肉，口味也比较浓烈；南方人是不会这么吃的，要把肉切得细细的，炒得嫩嫩的，煨得烂烂的，口味也比较清淡。
杜女士:	这还真是，北方人喜欢吃饺子，蘸蘸醋，一口一个；南方人喜欢吃馄饨，各种调料都齐全。北方人喝茶只是拿个杯子泡花茶，南方人什么龙井普洱铁观音一大堆，数不过来。
铃　木:	那为什么有这种不同呢？
赵先生:	我们来分析分析。你看，同样是主食，南方人吃米，北方人吃面。南方人认为面只能拿来做点心，米饭才是饭，"吃饭"专门指吃米饭。北方人则认为没有面食就好像没吃好饭，米饭偶尔吃一吃。这种主食的不同造成了整个饮食结构和吃法的巨大差异。北方人崇尚简朴，南方人追求华美。北方饮食略显粗糙，而南方饮食讲究精细。中国有八大菜系吧？粤、鲁、川、湘、闽、苏、浙、徽，绝大部分是南方菜，北方只有一个鲁菜，对吧？
杜女士:	听你这么一说，还真有道理。南方饮食是精，不过要是人也这么精细，就显得有点儿斤斤计较了吧。
赵先生:	是吗？那你说说怎么个斤斤计较法？
杜女士:	给你说件事儿吧。记得几年前我去黄山，赶上了下雨，我就在山上的商店里买了一把伞。后来发现有点儿问题，我就回去换。售货员半开玩笑地问我是不是北方人，我说这和换伞有什么关系？他说，如果你是北方人我就换给你，如果你是南方人就要考虑考虑。我问他为什么，他告诉我，一般来说南方人买东西比较仔细，常常要把所有的东西都仔细挑选一遍，最后再决定买不买，让人不胜其烦。而北方人就痛快得多，只要东西差不多就掏钱买。所以，他特愿意

和北方人做生意。

赵先生：那是什么年代的事儿啦！我看到的北方的消费者，维权意识也都很强，都精细着哪。这让我们这些搞实业的"亚历（压力）山大"，一点儿也不敢掉以轻心。现在市场竞争多激烈呀，优胜劣汰，对吧？

铃　木：听你们说了这么多，我真是长了见识，获益良多。我觉得就是因为中国的南方北方有你们说的这些差异，才让这个国家这么多姿多彩吧。

赵先生：铃木小姐说话真有水平。

杜女士：（听到到站广播）哟，我该下车了。认识你们很高兴，这是我的名片，以后多联系。

众　人：好，再见！别忘了东西。

词　语

1	出差	chū chāi		因工作的关系暂时到外地去。to be on a business trip
2	展销	zhǎnxiāo	（动）	以展览的方式销售（多在规定的日期和地点）。
3	身不由己	shēn bù yóu jǐ		身体不能由自己支配。
4	忌妒	jìdu	（动）	be jealous of。对各方面比自己好的人心怀怨恨：不要~别人的成就。｜他~心很强。
5	兜	dōu	（动）	绕、转：~圈儿。
6	乐不思蜀	lè bù sī Shǔ		在他乡生活得很快乐，不想家乡了。
7	所见所闻	suǒ jiàn suǒ wén		看到和听到的事情。
8	片面	piànmiàn	（形）	偏于一面的，不全面的。
9	划分	huàfēn	（动）	把整体分成几部分：~行政区域｜~等级。
10	区分	qūfēn	（动）	分开不同的事物：~好坏｜~种类。
11	豪爽	háoshuǎng	（形）	豪放直爽：~大方｜性格~。
12	粗犷	cūguǎng	（形）	粗率豪放：性格~｜民风~。

13	外向	wàixiàng	（形）	性格活泼开朗，爱说话，爱交朋友：性格~。
14	清秀	qīngxiù	（形）	清爽秀气，美好不俗：长相~｜外貌~。
15	细腻	xìnì	（形）	细致入微。
16	内向	nèixiàng	（形）	（性格、思想感情等）深沉、不外露：性格~。
17	不拘小节	bù jū xiǎo jié		指不注意生活的小事或细节。
18	混淆	hùnxiáo	（动）	两个或几个事物的界限不清楚。
19	浓烈	nóngliè	（形）	厚重强烈：~的感情｜~的味道。
20	煨	wēi	（动）	用微火慢慢地煮或烤：~牛肉。
21	清淡	qīngdàn	（形）	清爽少油，味道比较轻。
22	蘸	zhàn	（动）	to dip in
23	馄饨	húntun	（名）	一种有馅儿的，和汤一起吃的面食。
24	调料	tiáoliào	（名）	口语中也叫"作(zuó)料"。做饭时用来增加滋味的东西。seasoning
25	主食	zhǔshí	（名）	主要的粮食性食品。
26	崇尚	chóngshàng	（动）	推崇提倡：~正义｜~节俭。
27	简朴	jiǎnpǔ	（形）	简单朴实，不奢华。
28	粗糙	cūcāo	（形）	粗劣，不精细，不精巧。
29	斤斤计较	jīnjīn jìjiào		形容过分计较微小的事情。
30	不胜其烦	bú shèng qí fán		烦得使人无法忍受。
31	消费者	xiāofèizhě	（名）	购买、使用商品或接受服务的人。
32	实业	shíyè	（名）	通常是指制造生产企业以及科技企业。
33	掉以轻心	diào yǐ qīng xīn		对某事轻率、漫不经心。
34	优胜劣汰	yōu shèng liè tài		好的留下来，不好的被淘汰掉。
35	见识	jiànshi	（名）	见闻，知识：长~。
36	获益良多	huò yì liáng duō		收获和好处很多。
37	多姿多彩	duō zī duō cǎi		颜色形态多种多样，丰富多彩。

注　释

1. **唐代**（Tángdài）

    中国朝代名，公元618—907年，建都长安（今西安）。

2. **百家姓**

    中国旧时流行的儿童启蒙课本之一。北宋时编，将姓氏编为四言韵句，便于朗读。首句为"赵钱孙李，周吴郑王"，因为当时的皇帝姓赵，为尊"国姓"，将"赵"排在了首位。

3. **都江堰**（Dūjiāngyàn）

    在四川省，是中国古代著名的水利工程，也是有名的旅游观光地。

4. **杜甫草堂**（Dùfǔcǎotáng）

    唐代大诗人杜甫的旧居，在四川省成都市。

5. **三峡**（Sānxiá）

    长江三峡，是瞿塘峡、巫峡和西陵峡的合称。位于长江中游重庆市的奉节县和湖北省宜昌市之间。

6. **葛洲坝**（Gězhōubà）

    长江上的一项水利工程，在湖北省宜昌市。

7. **黄山**

    在安徽省南部，是著名的旅游胜地，以奇松、怪石、云海、温泉著称。

8. **南京路**

    在上海市，是上海最繁华的商业街之一。

9. **西湖**

    在浙江省杭州市，是中国著名的风景区之一。

10. **乐不思蜀**

    取自《三国志·蜀书·后主禅传》："他日，王问：'颇思蜀否？'禅曰：'此间乐，不思蜀。'"后用来比喻乐而忘返或乐而忘本。

11. **秦岭**（Qínlǐng），**淮河**（Huáihé）

    均为地名。

12. **儿化音**

    汉语普通话和某些方言中的一种语音现象，就是后缀"儿"不自成音节，而是和前面的音节合在一起，使前一音节的韵母成为卷舌韵母。如："玩儿、花儿、小孩儿"等。

13. **龙井　普洱（pǔ'ěr）　铁观音**

    都是中国的名茶。

14. **粤、鲁、川、湘、闽、苏、浙、徽**

    中国一些省份的简称。粤（yuè）：广东；鲁（lǔ）：山东；川：四川；湘（xiāng）：湖南；闽（mǐn）：福建；苏：江苏；浙：浙江；徽（huī）：安徽。

练　习

（一）课文部分

一　用正确的语调朗读下列句子：

1. 唉，人一参加工作就身不由己了。不像你们当学生的，轻松自在，没什么负担。
2. 中国太大了，中国的山水太美了，我都有点儿……怎么说来着？对了，乐不思蜀！
3. 我还是喜欢南方潮湿的空气，舒服！
4. 南方饮食是精！不过要是人也这么精细，就显得有点儿斤斤计较了吧。
5. 现在市场竞争多激烈呀，优胜劣汰，对吧？

二　说出下列各句画线部分的含义：

1. 他姓赵，<u>百家姓第一个，"赵钱孙李"的赵</u>。
2. 唉，<u>人一参加工作就身不由己了</u>。
3. 利用暑期社会考察的机会，我们在南方<u>兜了一大圈儿</u>。
4. <u>所见所闻都是北方的习惯、北方的风俗</u>。
5. 这让我们这些搞实业的"<u>亚历山大</u>"。

三　根据课文内容回答问题：（请使用提示词语）

1. 杜女士怎样介绍自己和赵先生的姓名？
   （木土　杜甫　百家姓　赵钱孙李）

2. 铃木和志强游览了哪些地方？铃木感觉怎么样？
   （先　参观　顺　游览　经过　爬　逛　游　山水　乐不思蜀）

3. 南方和北方在气候上有什么不同？

   （干燥　西北风　风沙　潮湿　冬天　难过）

4. 南方人和北方人各有什么特点？

   （豪爽　外向　不拘小节　清秀　细腻　儿化音）

5. 南方和北方在饮食上有什么不同？

   （浓烈　清淡　主食　简朴　华美　八大菜系）

（二）词语部分

一 标出下列词语的读音，然后在句中填入适当的词语：

乐不思蜀　身不由己　不拘小节　斤斤计较　不胜其烦

多姿多彩　所见所闻　优胜劣汰　掉以轻心　获益良多

1. 加油站是防火重地，要时时警惕，不能（　　　　）。
2. 我的室友是个（　　　　）的人，好相处，但是常乱放东西，让人（　　　　）。
3. （　　　　）是自然法则，市场经济也同样如此。
4. 在这里的生活很充实，也很快乐，我简直有点儿（　　　　）了。
5. 他对工作和报酬都（　　　　），这样下去怎么会有好的人缘呢？
6. 其实我并不喜欢喝酒，只是为了工作才喝，（　　　　）。
7. 马可·波罗回国后，把在中国的（　　　　）写成了一本书，这就是《马可·波罗游记》。
8. 我这学期听了很多高水平的讲座，（　　　　）。

二 从所给的答案中选择一个，完成句子：

1. 他很关心人，也很会照顾人，是个非常（细腻／精细）的人。
2. 他是一个（斤斤计较／不拘小节）的人，对细小的事情从不在乎。
3. 每天上下班时都堵车堵得很严重，真是（不胜其烦／身不由己）。
4. 发达国家应该和发展中国家互相合作，（优势互补／优胜劣汰）。
5. 医生告诉他，饮食要（浓烈／清淡），不能多油多肉。
6. 你知道南半球和北半球是怎样（区分／划分）的吗？

三 简单解释下面画线部分的意思：

1. 北方人大多豪爽<u>粗犷</u>，南方人大多清秀细腻。
2. 北方人口味比较<u>浓烈</u>，南方人口味比较<u>清淡</u>。
3. 北方饮食略显<u>粗糙</u>，而南方饮食讲究<u>精细</u>。
4. 我们这些搞实业的"<u>亚历山大</u>"，一点儿也不敢<u>掉以轻心</u>。
5. 现在市场竞争多激烈啊，<u>优胜劣汰</u>，对吧？
6. 听你们说了这么多，我真是<u>获益良多</u>。

（三）句式部分

用给出的词语改说或完成句子：

1. 倒……

    谢谢你们帮我收拾东西，倒忘了问了，二位贵姓啊？

    1）北京整整一个冬天都没见个雪花，眼看到春天了，却下起雪来了。

    2）他见到多年不见的老同学，聊得高兴，把自己要去接孩子的事忘了。

    3）他们兄妹俩很奇怪，哥哥文文静静，……

    4）这个房间很大，房租也不贵，……

    5）他只学过半年的汉语，……

2. 除了……，最……

    除了风景以外，最大的感受就是觉得南方和北方在很多地方都不相同。

    1）在国外留学，语言不通，生活不习惯，更难过的是没有朋友，非常寂寞。

    2）他对女朋友的要求是：聪明漂亮，会做家务，性格温柔，心地善良。

    3）他连小学都没有毕业，……

    4）马师傅换了几个工作，都做得时间不长，……

    5）最近我常常觉得很累，……

3. 对（于）……，尤其是对（于）……来说……

    对于北方人，尤其是对像我这样在南方工作的北方人来说很难习惯。

1）中国人说话喜欢用委婉语，不直截了当，外国人很难理解，特别是来自西方国家的外国人。

2）这种病毒很厉害，有慢性病的人，特别是有慢性病的老年人得病后，死亡率很高。

3）大城市的房价越来越贵，……

4）当地的菜比较油腻，……

5）王老师说话口音很重，……

4. 同样是……

同样是主食，南方人吃米，北方人吃面。

1）从小一起长大的同学，有的做了经理，有的成了教授，也有的做了售货员或者出租车司机。

2）手表的种类越来越多，有电子的，有机械的，有能当闹钟用的，还有能照相的。

3）教育孩子，……

4）上了年纪的老人，……

5）亚洲国家，……

5. （就是）因为……，才……

就是因为中国的南方北方有你们说的这些差异，才让这个国家这么多姿多彩吧。

1）他们对孩子娇生惯养、没有严格要求，孩子长大后走上了犯罪的道路。

2）这家工厂管理不严，问题成堆，经不起市场的竞争，倒闭了。

3）他一向只考虑自己，不考虑别人，……

4）平时不努力学习，常常缺课，……

5）这儿的人缺乏环境保护的意识，……

（四）任务与活动

一 讨论题：

1. 你们国家有南北方或东西部的地区性差异吗？
2. 地区性差异是否和气候、环境、资源、文化传统等有关？请举例说明。
3. 你怎么评价下面这些行为？

A_1 请朋友吃饭时点很多菜。
A_2 请朋友吃饭时吃多少点多少。

B_1 从朋友那儿借钱，如果很少，可以不还。
B_2 从朋友那儿借再少的钱也要还。

C_1 朋友一起吃饭时抢着付钱。
C_2 朋友一起吃饭时用 AA 制，各付各的。

D_1 朋友过生日或有喜事时，礼品越贵重越好。
D_2 朋友过生日或有喜事时，送实用的并不贵重的礼品。

二 角色扮演：

分组扮演不同国家或地域的人（如南方人／北方人，东部人／西部人，西方人／东方人），讨论他们的不同之处，然后表演他们在下列情景中的不同行为。

1）买东西
2）在餐厅结账
3）给刚认识的男朋友／女朋友挑选礼品
4）喝酒／劝酒

三 就下列问题进行调查并作汇报：

1. 调查几个来自不同国家／地区的同学，看他们的饮食习惯有何不同。

第七课　各有各的特点

姓名	国家／地区	饮食习惯

2. 采访几个中国人，请他们谈谈对南／北方人的印象，比较一下他们的观点和看法。

姓名＼问题	对南方人的印象	对北方人的印象

3. 采访几个来自不同国家的人，请他们说说自己国家的人的特点，然后进行总结。

姓名	国家	该国家人的特点

87

第八课　得好好儿补一补

热身话题

1. 得了普通感冒时，你会怎么办？
2. 看望病人时你会带什么东西？
3. 你认为什么样的饮食结构比较合理？

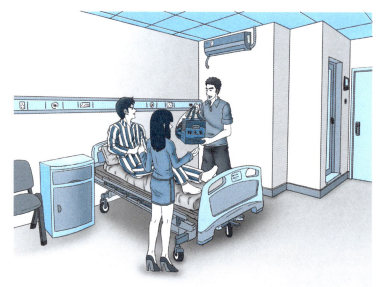

本课人物：医生、铃木雅子、林志强、张华胜

场　　景：林志强患阑尾炎住院。铃木身体不舒服，先去看中医，然后来看望志强，华胜也赶来了。

（在中医诊室）

医　生：　哪儿不舒服啊？

铃　木：　没有食欲。睡不好，老做梦。梦见有急事，可是又跑不动。感冒好像一直没好，老是没精神。

医　生：　你是不是经常熬夜，睡眠不足？

铃　木：　最近确实很忙，要赶着写几份报告，不得不开夜车呀！

医　生：　（把脉、看舌象后）主要还是疲劳没有完全恢复。你有些脾胃失调，脉也比较虚。我给你开些药，调理调理，再注意休息就好了。服过汤药吗？

铃　木：我是第一次看中医。中医说"良药苦口利于病",真的特别苦,很难喝吗?我还听说煎药很麻烦。

医　生：你对中医很了解嘛。汤药见效快,因为完全是按照你个人的情况配药。中成药也可以,见效稍微慢一点儿。药房可以帮病人代煎汤药,你带回去加热一下就可以喝。这是药方,要按时服药,服完之后再来复查一下。

铃　木：谢谢您!

（铃木来到志强病房）

志　强：怎么样?开了什么药?

铃　木：你看,这是汤药,还开了两种中成药,助消化的。原来我觉得中医要望、闻、问、切,挺神秘的,看了以后才觉得其实不复杂。医生给我把了把脉,看了看舌头,问了一些话,说是脾胃失调,让我服药以后多休息。

志　强：中医认为病症都是由气、血、阴、阳失去平衡造成的,必须要对症下药。中医还讲究"药食同源",有好多食物可以补身体,什么人参白木耳,红枣老母鸡;还有很多关于养生的说法,比如"吃饭七八分饱,爬楼走路慢跑"。要是我妈给你讲,那是一套一套的。你看咱们现在都成病人了,我躺这儿了,你也不舒服,我爸体检说血脂高。我原来以为胖子才会血脂高,现在才知道这病可不分胖瘦。

铃　木：可不是。其实血脂高本身不是什么病,但它会引起动脉硬化。血脂高有多种原因,爱吃大肥肉,喜欢喝白酒,还有抽烟。幸亏你不抽烟,不过以后肉得少吃点儿,酒也适可而止。

志　强：酒少喝可以,不吃肉恐怕不容易。这两天一直输液,吃流食,一说起肉来我就馋得流口水。一会儿我妈来送鸡汤,她说动手术就会伤元气,得好好儿补一补。我倒不管什么元气不元气的,要是真能给我带点儿肉来,那多过瘾。这两天你也够累的,回去一定得好好儿休息。对了,华胜还说要来看我呢。

铃　木：他出差回来了?哎,有人敲门,我去看看。（开门）嘿!说曹操,曹操到!正说你,你就来了。

华　胜：嗨，你们都在！不瞒你们说，最近忙得我晕头转向。广西那儿事情刚办完，后天又得跑青岛。要不是我表弟想考你们系研究生，让我帮着借几本复习资料，我都根本顾不上跟你们联系。打电话才知道你躺到医院了。我也不知道买什么合适，买了点儿蜂王浆、人参口服液。还有，这是从广西带回来的水果，特别新鲜。

铃　木：你带这么多东西干吗？还真拿他当病人啊。不就是一个阑尾炎手术嘛，用不着大惊小怪的。

华　胜：是吗？我总觉得一住院就是不得了的病，当然应该好好儿养一养！志强怎么搞的，怎么说倒下就倒下了？

志　强：上周五下午去踢球，突然肚子疼，疼得我都满地打滚儿了。队友们七手八脚把我抬到医院，说是急性阑尾炎，当时就上了手术台。这病倒也有个好处，不传染，好得快，也没什么后遗症，可就是手术后不能笑。我现在才明白，不让笑也是一种很厉害的惩罚呢！我们那帮哥们儿一来，还专挑笑话说，害得我只能龇牙咧嘴捂着肚子笑。

铃　木：现在恢复得还不错。志强要不是住院，哪有这么老实的时候。你忙得团团转，他现在倒有点儿闲得发慌。

志　强：这儿病房里没有WiFi，上网不方便，真把我憋坏了！华胜，有什么新鲜事给说说。

华　胜：新鲜事？哎，对了！这次在广西出差碰上一个校友，原来在东北工作，得了一种什么"枯草热"，说是对枯草过敏。一到秋天就开始了，成天鼻涕眼泪的不像样子，没办法，只好调到深圳。深圳气候不错，他这毛病就没再犯过。这次见面，他跟我说，一天三顿饭太麻烦，想研究出一种东西，美美地吃上一次就几天不饿。要真有这东西，那才叫解放全世界的懒人们呢。

铃　木：他可真够异想天开的！这样一来，世界上的美食家们可怎么办哪？

华　胜：他还想发明一种"苗条丸"，能控制体重。每天都能大饱口福，怎么吃也不胖。我倒觉得他想得挺有道理，说不定真能成功，没准儿还能评上诺贝尔奖呢。（看手机）哟，老板有事儿，我得走了。本来还想好好儿聊一聊呢。

志　强：你要的参考资料我出院以后给你找吧。

华　胜：　不着急，先养病吧。我出差回来再说。

铃　木：　华胜，你也得注意身体，饮食、睡眠都不要太马虎。

华　胜：　放心吧，我不常在办公室待着，肯定不会得"办公室病"；我也坐不住，不会有颈椎腰椎的问题；另外我喜欢吃，不会弄成营养不良。不是吹牛，我这身体跟铁打的似的，很少头疼脑热，长这么大还没尝过住院的滋味呢。

志　强：　你自我感觉可够好的，多保重！

词　语

1	补	bǔ	（动）	用饮食或药物使身体恢复健康或更加强壮。
2	食欲	shíyù	（名）	人吃东西的欲望：～很差｜没有～｜影响～。
3	脾胃	píwèi	（名）	spleen and stomach：～虚弱。
4	失调	shītiáo	（动）	失去平衡，调配不当：男女比例～｜阴阳～。
5	虚	xū	（形）	虚弱，无力。in poor health：身体～。
6	调理	tiáolǐ	（动）	调节饮食起居，使身体恢复健康：～肠胃｜～身体。
7	见效	jiànxiào	（动）	发生效力，有效果：这个方法很～。｜这种药不～。
8	把脉	bǎ mài		脉，pulse。中医看病时从人的手腕处检查脉搏的跳动情况。
9	对症下药	duì zhèng xià yào		针对病情开药。用来比喻针对具体情况决定解决办法：只有～才能解决问题。
10	人参	rénshēn	（名）	ginseng
11	白木耳	báimù'ěr	（名）	也叫"银耳"。tremella
12	养生	yǎngshēng	（名）	保养身体：～知识｜注意～。
13	动脉硬化	dòngmài yìnghuà		arteriosclerosis
14	适可而止	shì kě ér zhǐ		到了适当的程度就停止（指做事不过分）。
15	输液	shū yè		to infuse：输了一天液。
16	流食	liúshí	（名）	liquid diets

17	元气	yuánqì	（名）	指人或国家、组织的生命力：伤~｜恢复~。
18	晕头转向	yūn tóu zhuàn xiàng		形容头脑昏乱，迷失方向。
19	蜂王浆	fēngwángjiāng	（名）	royal jelly
20	口服液	kǒufúyè	（名）	液体的内服药物或保健品。
21	阑尾炎	lánwěiyán	（名）	appendicitis
22	大惊小怪	dà jīng xiǎo guài		形容对不值得奇怪的事情过分惊讶。
23	打滚儿	dǎ gǔnr		躺在地上滚来滚去：疼得~｜这只猫会在地上~。｜打个滚儿。
24	七手八脚	qī shǒu bā jiǎo		形容人多手杂或大家一起动手。
25	后遗症	hòuyízhèng	（名）	sequelae
26	惩罚	chéngfá	（动）	处罚：~坏人｜受到~。
27	龇牙咧嘴	zī yá liě zuǐ		形容疼痛难忍或凶狠的样子。
28	捂	wǔ	（动）	遮盖住或封闭起来：~住眼睛。
29	团团转	tuántuánzhuàn	（形）	旋转或围绕，形容忙碌或着急的样子。
30	憋	biē	（动）	闷，因某种原因心里不舒畅；堵住，出不来：有话就说吧，不要~在心里。｜大雪不停，人们都只能~在家里。
31	过敏	guòmǐn	（动）	to be allergic to：牛奶~｜对海鲜~。
32	鼻涕	bítì	（名）	鼻子里的液体。nasal mucus：流~。
33	调	diào	（动）	调动。本课指被安排到别的地方工作：~工作｜~走。
34	异想天开	yì xiǎng tiān kāi		形容想法离奇，不切合实际。
35	美食家	měishíjiā	（名）	精于品尝菜肴的人。gastronome
36	苗条	miáotiao	（形）	（妇女身材）细长柔美。slim：身材~。
37	椎	zhuī		vertebra：颈~有毛病。｜腰~出了问题。
38	头疼脑热	tóu téng nǎo rè		指一般的小病：谁也免不了有个~的。
39	滋味	zīwèi	（名）	味道，比喻某种感受：孤独的~不好受。｜他这样说话让人心里很不是~。
40	保重	bǎozhòng	（动）	（希望别人）注意身体健康：请多~｜~身体。

注 释

1. 汤药、中成药

    中医称用水煎后服用的中药为汤药,已经加工配制好的中药制品为中成药,有丸、散、膏、丹不同剂型。

2. 望、闻、问、切(qiè)

    中医诊断疾病的方法。"望"是观察病人的发育情况、面色、舌苔、表情等;"闻"是听病人的说话声音、咳嗽、喘息,并且闻出病人口内或身体散发出的气味;"问"是询问病人自己所感到的症状,以前得过的病;"切"是用手诊脉或按腹部(看有没有硬块)。通常这四种方法结合在一起使用,叫"四诊"。

3. 气、血、阴、阳

    中医术语。气血,vital energy and the state of blood in the human body;阴阳,opposite principles or forces existing in nature and human affairs。

4. 药食同源

    指药物与食物有相同的道理,也说"医食同源"。中医常用改善饮食的方法达到治病的目的。

5. 说曹操(Cáo Cāo),曹操到

    曹操(155—220)是东汉末年的丞相(chéngxiàng,官名),也是明代小说《三国演义》中的主要人物。这句话比喻提到某个人,某个人就来了。

6. 枯草热(kūcǎorè)

    病名,Hay fever。指因对枯草(withered grass)过敏而引起的变态反应,症状是眼和鼻子奇痒,流鼻涕、流眼泪、头痛等。

7. 诺贝尔奖(Nuòbèi'ěr Jiǎng)

    奖名,Nobel Prize。

8. 办公室病

    指在办公室里工作久坐不动的人容易有严重的疲劳感,还会有腰酸背痛、眼睛干涩、注意力不集中等毛病。

（一）课文部分

一 用正确的语调朗读下列句子：

1. 要赶着写几份报告，不得不开夜车呀！
2. 我倒不管什么元气不元气的，要是真能给带点儿肉来，那多过瘾。
3. 最近忙得我晕头转向。
4. 不就是一个阑尾炎手术嘛，用不着大惊小怪的。
5. 上不了网，真把我憋坏了！
6. 要真有这东西，那才叫解放全世界的懒人们呢。
7. 你自我感觉可够好的，多保重！

二 说出下列各句的含义：

1. 良药苦口利于病。
2. 药食同源。
3. 吃饭七八分饱，爬楼走路慢跑。
4. 要是我妈给你讲，那是一套一套的。
5. 说曹操，曹操到！
6. （我）肯定不会得"办公室病"。
7. 不是吹牛，我这身体跟铁打的似的。

三 根据课文内容回答问题：（请使用提示词语）

1. 铃木怎么了？
   （食欲　做梦　梦见　感冒　没精神）

2. 医生是怎么给铃木看病的？
   （望闻问切　简单　把脉　看舌头　问）

3. 血脂高是怎么回事？
   （其实　但　引起　原因）

4. 华胜最近在忙什么？
   （晕头转向　广西　青岛　顾不上）

5. 志强是怎么得的阑尾炎？
   （上周　踢球　打滚儿　七手八脚　手术台）

6. 志强怎么评价阑尾炎？
   （好处　传染　后遗症　笑　惩罚）

7. 华胜说了哪些新鲜事？
   （校友　枯草热　一天三顿饭　吃上一次）

四 请说说下面这些人所得的病及症状：

1. 铃木：

2. 志强：

3. 志强的父亲：

4. 华胜的朋友：

（二）词语部分

一 标出下列词语的读音，并在句中填入适当的词语：

调走　睡眠　失调　晕头转向　过敏　捂　憋　惩罚　颈椎

1. 自从开始锻炼，他的（　　　　　）质量得到了明显的改善。
2. 她心里有话总是（　　　　　）不住。
3. 他们做的坏事太多了，应该受到一定的（　　　　　）。
4. 这一带的立交桥很复杂，不熟悉的人都会（　　　　　）。
5. （　　　　　）病是现代人的常见病。
6. 她因为丈夫在那边得到一份新工作而（　　　　　）了。
7. 这个孩子对花生（　　　　　），给他东西吃要注意。
8. 这样的情况老少皆知，想（　　　　　）是（　　　　　）不住的。

二 从所给的答案中选择一个，完成句子：

1. 人多力量大。几个朋友帮我搬家，（七手八脚一会儿就搬完了／忙得团团转）。
2. 最近要办的事太多，忙得我（龇牙咧嘴／晕头转向）。
3. 我们球队（那帮／那几位）朋友特别能开玩笑。
4. "说倒下就倒下了"，意思是（睡觉睡得很快／突然生了大病）。
5. 这种药不太（对症下药／见效），喝了一个月也没有好转。
6. "良药苦口利于病"的意思是：一般来说（好药都是苦的／苦药才是好药）。
7. 师傅一念咒（niàn zhòu, chant incantations），孙悟空（Sūn Wùkōng）就头疼，疼得满地（打滚儿／晕头转向）。
8. "身体跟铁打的似的"是说一个人（不容易被打倒／不容易生病）。

三 用画线词语简单回答下列问题：

1. "<u>消炎</u>（yán）、<u>清热</u>、<u>去火</u>"是几个中医常用的术语。你理解它们的意思吗？
2. 嘴馋的人是不是一定<u>食欲</u>好？
3. 课文中提到了<u>哪些补</u>身体的食物？
4. 请举例说明什么是<u>异想天开</u>。
5. 你觉得哪些事不必<u>大惊小怪</u>？
6. "<u>头疼脑热</u>"指什么病？
7. 你能用具体的例子说明什么是<u>养生</u>吗？

（三）句式部分

用给出的词语改说或完成句子：

1. ……，……就好了

    你有些脾胃失调，脉也比较虚。我给你开些药，调理调理，再注意休息就好了。

    1）A：我这儿只有凉馒头。

    B：没关系，加热一下＿＿＿＿。

    2）A：她现在哭得很厉害。

    B：不要紧，我去劝劝她＿＿＿＿。

    3）A：这篇作文有点儿不符合要求。

    B：问题不大，我再改一改＿＿＿＿。

4）A：你的发音有点儿问题，一声不够高。

　　B：……

5）A：这幅画色彩稍微有点儿淡。

　　B：……

2. ……可以，不……，恐怕……

　　酒少喝可以，不吃肉恐怕不容易。

1）可以不买零食，但鲜花必须得买。

2）我可以不看电视，但不能不玩儿电脑。

3）（在买书和买衣服中选择）

4）（在养鸟与养狗中选择）

5）A：你能不能多吃饭少说话？

　　B：……

3. 不就是……嘛，用不着……

　　你带这么多东西干吗？还真拿他当病人啊。不就是一个阑尾炎手术嘛，用不着大惊小怪的。

1）你怎么坐立不安？不过是去面试一下，不要紧张。

2）你干吗穿那么正式？只是一个普通的晚会，不必太拘束。

3）哭什么？丢了点儿钱，不必那么难过。

4）A：我想把电脑也带上，旅行中用得着。

　　B：……

5）A：我感冒了，我担心会发烧，我应该住院。

　　B：……

4. ……倒也……，可就是……

　　这病倒也有个好处，不传染，好得快，也没什么后遗症，可就是手术后不能笑。

1）他是个老实人，让干什么干什么，也不跟人吵架，但跟他在一起没什么意思。

2）你说的有道理，要多考虑、有耐心才能成功，但我总是管不住自己。

3）到校外租房子，……

4）叫人把菜送到房间来吃挺省事，……

5）A：你反对这件事吗？

　　B：我本人没什么意见，……

5. 说不定……，没准儿……（可调换）

　　我倒觉得他想得挺有道理，说不定真能成功，没准儿还能评上诺贝尔奖呢。

1）他是个说干就干的人，可能已经开始做了，甚至已经做得差不多了。

2）我们已经十年没见了，可能他结婚了，也可能有了孩子。

3）我看他不像吹牛的样子，……

4）如果按照这个计划来进行，……

5）这份资料还是保留下来吧，……

（四）任务与活动

一 讨论与角色扮演：

以下是一些常见的烦恼。请分小组讨论，一人诉说烦恼，一人提出建议，然后表演。

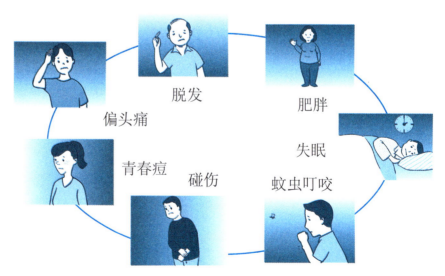

偏头痛　脱发　肥胖　青春痘　碰伤　失眠　蚊虫叮咬

二 就下列问题进行调查并作汇报：

1. 你和家人、朋友体验过以下治疗或保健方法吗？感觉怎么样？

针灸　全身按摩　足底按摩　拔罐　刮痧

2. 在起居、饮食、运动等方面应该养成哪些习惯？不应该有什么习惯？

	应该有的习惯	不应该有的习惯
起居		
饮食		
运动		
其他		

3. 你了解哪些独特的医疗方式？

第九课　网络这玩意儿

热身话题

1. 你经常上网吗？最近在关注什么事情？
2. 你觉得网络给你带来了哪些好处？有没有坏处？
3. 说一次让你印象深刻的与网络有关的经历。

本课人物：郝阳、林雪、电视台主持人和参与节目的观众

场　　景：电视台"有话直说"节目的录制现场

主持人： 各位来宾，各位观众，大家好！欢迎参加这一期的"有话直说"节目。今天要讨论的话题是：网络与现代生活。互联网的快速发展给我们的生活带来了深刻的变革。比如，移动网络时代的到来，使得各种电子产品和软件日新月异，智能手机、平板电脑、微博、微信，这些都在改变着我们传统的生活模式，但也给我们带来了一些困惑。我们应该如何来应对呢？希望大家各抒己见，畅所欲言。谁有话要说，请举下手。

曹女士： （65岁左右，退休教师）我先来抛砖引玉吧。我既是小学教师，又是孩子的奶奶。我的孙子是个电脑迷，放学回家先要上网玩儿一会儿游戏，一边做作业一边还要玩儿手机或者电脑，每天都熬到很晚才睡觉。这样一来，学习成绩当然也就好不到哪儿去啦。更要命的是，他的视力每况愈下不说，还宅成了一个小胖墩儿。

主持人： 好，那我们也来听听小朋友的意见吧！

中学生： 叔叔，我来说说。我觉得这个奶奶说得有道理。可要说网络对我们一点儿好处都没有，那我也不太同意。

主持人： 呵呵，观点很鲜明啊！请问你喜欢上网做什么啊？

中学生： 最喜欢的当然是玩儿游戏啦！不过网上信息丰富，老师经常布置我们到网上去查资料，上课时作报告。学习时有什么问题上网一查也就解决了，不光方便，还开阔了我们的眼界，也是一种学习呀！

主持人： 我们的讨论刚开始，就出现了针锋相对的意见。我们再听听其他朋友怎么说。（向一老者）这位先生，您有什么高见吗？

程先生： （60多岁，退休干部）哎呀，网络这玩意儿，真是不好说啊。有它吧，怕影响学习和工作，影响身体；可要是没它吧，还真是不行。有一次我电脑和手机不巧都出了问题，一下子跟外界失去了联系，感觉空落落的。所以尽管有人批评网络的种种弊病，但大家还是都在不断地更新电脑和手机，而且升级换代的速度越来越快。无论是走路还是坐车，甚至聚会的时候，"低头族"都随处可见。不管你说它好，还是说它坏，反正它已经成了"家家缺不了，人人离不开"的东西了。

曹女士： 我觉得这位先生说的这种现象真令人担忧啊。这说明人们对网络的依赖性越来越大，电子产品也正在越来越多地占用我们宝贵的时间。网络确实能传播海量信息，但它只是把现成的东西送到你面前，不用你进行太多的思考，被动地接受就行了。据科学家研究，长期处于这种状态下容易养成人的惰性，以至于最终导致思维的退化。还有啊，有了网络以后，人们静下心来阅读文字的时间明显减少，而文字所承载的信息的深度和广度都是电子产品的声光电画面所不能比拟的。

郝　阳： 我来说几句吧。我觉得任何事物都有两面性，世上恐怕没有十全十美的东西。如果要对某种事物作一个评价，咱们还得看主流。拿网络来说，它给人们的生活带来的变化是革命性的，它让全人类共享文明成果，让信息的传递更加迅速，让更多的普通人有了话语权，让人们不出门就尽知天下事，让世界变成了"地球村"。不管你在世界的哪一个角落，只要有网络，就可以随时跟亲朋好友保持联系。网络时代的电子商务也对传统的商业模式产生了巨大的冲击，网购已经成为常态，让我们的生活变得更加便利了。

主持人：我再补充一点啊，现在网络已经把各种形式的媒体都连接起来了，我们从只有报纸、电视的传统媒体时代，进入了多种媒体形式共存的全媒体时代。（发现有人举手）噢，这位先生还想说什么？

程先生：我是个影迷，老伴儿是电视剧迷。以前上班忙，没时间看，现在我们都退休了，空闲时间多了，平时上网看电影、电视剧，那真是过瘾呀！而且选择余地还特别大，想看什么年代的、什么题材的、哪位明星的、哪个国家的，都能找到。我还喜欢旅游，常常在网上约上几位志同道合的"驴友"，一起出去游山玩水，再通过网络分享照片。我觉得我的晚年生活因为网络而更加丰富、精彩啦！

林　雪：我非常认同这位先生的感受。另外我还想再补充一点，就是网络的社会作用。随着网民数量的增加，网络的影响力也越来越大，人们有点儿急事、难事什么的，通过网络求助不失为一个好办法。还有，网络对违法乱纪者的监督作用也不容小觑。所以我觉得网络还是利大于弊。

主持人：大家充分肯定了网络的优势，不过网络也确实带来了一些问题和困惑，不知各位对这个问题有什么看法？

郝　阳：网络确实是一把双刃剑，最重要的还是要建立一套科学、完备的管理机制，这样才能发挥网络的优势。另外，网络对青少年的负面影响不容忽视，学校和家庭都应该加强这方面的教育和监管。

主持人：大家的意见都很有道理。互联网的发展势不可挡，希望通过今天的讨论，能够帮助大家正确认识我们生活中的这位朋友，使它更好地为我们服务。好，再一次感谢各位的光临，再见！

词 语

1	主持人	zhǔchírén	（名）	一个节目的主持者或播出者。
2	日新月异	rì xīn yuè yì		每天每月都有新的变化，形容进步、发展很快。
3	困惑	kùnhuò	（形）	感到疑难，不知道该怎么办：产生~｜感到~。
4	各抒己见	gè shū jǐ jiàn		各自说出自己的意见。
5	畅所欲言	chàng suǒ yù yán		尽情地说出想说的话。
6	抛砖引玉	pāo zhuān yǐn yù		谦辞，比喻用粗浅的、不成熟的意见引出别人高明的、成熟的意见。
7	每况愈下	měi kuàng yù xià		指情况越来越坏。
8	宅	zhái	（动）	长时间在家里待着，不出门：~在家里｜在家里~着｜~男｜~女。
9	胖墩儿	pàngdūnr	（名）	称矮而胖的小孩儿。
10	针锋相对	zhēn fēng xiāng duì		比喻双方策略、观点等尖锐对立。
11	高见	gāojiàn	（名）	敬辞，（对方）高明的见解：发表~｜说说~。
12	空落落	kōngluòluò	（形）	感觉很空，冷冷清清：心里~的。
13	弊病	bìbìng	（名）	事物的毛病、缺陷：有~｜产生~｜克服~。
14	更新	gēngxīn	（动）	把旧的换成新的：~手机｜~信息。
15	升级换代	shēng jí huàn dài		换成级别更高、性能更好的。
16	依赖性	yīlàixìng	（名）	依靠别人或事物而不能自立或自给的表现：产生~｜~很强。
17	海量	hǎiliàng	（名）	指极大的数量：~资讯｜~信息。
18	惰性	duòxìng	（名）	指不想改变习惯的心理状态。inetia
19	以至于	yǐzhìyú	（连）	用在下半句话的开头，表示由于前半句话所说动作、情况的程度很深而形成的结果。

20	退化	tuìhuà	（动）	泛指事物由好变坏：大脑～｜功能～｜身体～。
21	承载	chéngzài	（动）	托着物体，承受它的重量。
22	比拟	bǐnǐ	（动）	比较。
23	两面性	liǎngmiànxìng	（名）	一种事物本身同时存在两种互相矛盾的性质或倾向。
24	十全十美	shí quán shí měi		形容各方面都很完美，没有任何缺陷。
25	主流	zhǔliú	（名）	比喻事物发展的主要的或基本的方面。main trend：～观点｜～媒体｜～社会。
26	话语权	huàyǔquán	（名）	表达个人意见的权力。
27	常态	chángtài	（名）	正常的状态。
28	媒体	méitǐ	（名）	指交流、传播信息的工具。
29	电视剧	diànshìjù	（名）	电视连续剧。TV play serials
30	游山玩水	yóu shān wán shuǐ		游览自然风景。
31	认同	rèntóng	（动）	承认，认可：～观点｜～意见。
32	不失为	bùshīwéi	（动）	还可以算得上。
33	违法乱纪	wéi fǎ luàn jì		违反法律，破坏纪律。
34	监督	jiāndū	（动）	察看并督促。
35	不容	bùróng	（动）	不许，不让：～小看｜～怀疑｜～拖延。
36	小觑	xiǎoqù	（动）	小看，轻视：不可～｜不容～。
37	机制	jīzhì	（名）	泛指一个工作系统的组织或部分之间相互作用的过程和方式：建立～｜科学的～｜完整的～。
38	负面	fùmiàn	（形）	坏的、消极的一面：～影响｜～情绪。
39	监管	jiānguǎn	（动）	监视管理：～犯人｜～工作。
40	势不可挡	shì bù kě dǎng		来势迅猛，不可抵挡。

注 释

1. 互联网

    即 internetwork，简称 internet，也称因特网。

2. 移动网络

    即 mobile web。

3. 智能手机

    即 smartphone。

4. 平板电脑

    平板电脑也叫平板计算机，英文为 Tablet Personal Computer，简称 Tablet PC、Tablet。

5. 微博

    微型博客（MicroBlog）的简称，即一句话博客。用户可以以 140 字的文字传播信息，实现即时分享。

6. 微信

    WeChat，是腾讯公司于 2011 年初推出的一款可快速发送文字和照片、支持多人语音对讲的手机聊天软件。

7. 不好说

    口语表达方式，意思是说不清楚或者很难评价。

8. 低头族

    指如今在地铁、公交车等公共场合中低头看屏幕的人，英文名称为 hubbing。

9. 双刃剑

    两面都有刃的剑。形容事情的双重影响性，即既有利也有弊。

练 习

（一）课文部分

一 用正确的语调朗读下列句子：

1. 这样一来，学习成绩当然也就好不到哪儿去啦。
2. 要说网络对我们一点儿好处都没有，那我也不太同意。
3. 哎呀，网络这玩意儿，真是不好说啊。
4. 有它吧，怕影响学习和工作，影响身体；可要是没它吧，还真是不行。
5. 不管你说它好，还是说它坏，反正它已经成了"家家缺不了，人人离不开"的东西了。
6. 我觉得这位先生说的这种现象真令人担忧啊。
7. 那真是过瘾呀！
8. 不知各位对这个问题有什么看法？

二 说出下列各句的含义：

1. 希望大家各抒己见，畅所欲言。
2. 我先来抛砖引玉吧。
3. 学习成绩当然也就好不到哪儿去啦。
4. 他的视力每况愈下不说，还宅成了一个小胖墩儿。
5. 出现了针锋相对的意见。
6. 网络这玩意儿，真是不好说啊。
7. 网络对违法乱纪者的监督作用也不容小觑。
8. 网络对青少年的负面影响不容忽视。

三 根据课文内容回答问题：（请使用提示词语）

1. 互联网的发展给我们的生活带来了哪些变化？
   （互联网　深刻　日新月异　传统　模式　困惑）

2. 曹女士对网络的主要看法是什么？
   （既是……，又是……　迷　一边……一边……　熬　好不到哪儿去　要命）

3. 中学生同意曹女士的意见吗？为什么？
   （有道理　一点儿都……　丰富　布置　查　不光　开阔　也是）

4. 程先生为什么说网络这个东西"不好说"?

（玩意儿　影响　外界　空落落　弊病　更新　升级换代）

5. 曹女士觉得什么事情"令人担忧"?

（现象　依赖性　占用　海量　现成　被动　惰性　退化　静下心来　比拟）

6. 郝阳对网络有什么样的看法?

（两面性　十全十美　主流　革命性　共享　迅速　话语权　角落　冲击　常态）

7. 程先生为什么说网络让他的生活更加精彩了?

（迷　空闲　过瘾　余地　年代　题材　明星　国家　旅游　志同道合　分享）

8. 林雪所说的"社会作用"指的是什么?

（增加　影响力　急事　难事　求助　不失为　违法乱纪　不容小觑）

9. 郝阳觉得应该如何减少网络给我们带来的困惑?

（双刃剑　建立　管理机制　优势　负面　加强　监管）

四 找出课文中主持人在节目开头、结尾以及中间转换话题时用的语句：

1. 开头的语句：

2. 结尾的语句：

3. 中间转换话题的语句：

（二）词语部分

一 标出下列词语的读音，然后在句中填入适当的词语：

日新月异　志同道合　畅所欲言　每况愈下

针锋相对　游山玩水　升级换代　十全十美

1. 世界上哪有（　　　　　）的人呀？我们对别人要宽容一点儿。

2. 我爸妈退休了，平时就喜欢约上三五位"驴友"，到世界各地去（　　　　）。
3. 电子产品的发展（　　　　），要想完全跟上潮流，没有经济实力是不行的。
4. 在教育孩子的问题上，他们两口子的意见（　　　　），几乎从来没有统一的时候。
5. 这台老电脑的系统和软件经过（　　　　），现在好用多啦！
6. 这对（　　　　）的情侣终于结束了6年的爱情长跑，携手进入了婚姻的殿堂。
7. 小王天天打网游，吃饭、睡觉、上厕所又都要抱着手机，现在视力（　　　　）。

二 从所给的答案中选择一个，完成句子：

1. 网络的发展给人们带来了一些困惑，我们该如何（应对／对应）呢？
2. 今天我们要讨论的话题是如何保护好环境。请大家（抒发感情／各抒己见）吧。
3. 好，那我就先来（抛砖引玉／畅欲言）吧。
4. 豆豆不爱运动，天天（宅／待）在家里，结果变成了一个（胖墩子／小胖墩儿）。
5. 两个孩子都独立生活了，老两口有时候（心里感觉空落落的／心里觉得冷冰冰的）。
6. 现在生活太方便了，超市、便利店（随处很多／随处可见）。
7. 这是最新型的电脑，（它的速度是其他电脑不能比拟的／其他电脑不能比它的速度）。
8. 现在这个时代，传统媒体和网络共存，可以称之为（全媒体时代／多媒体时代）。
9. 网络对违法乱纪者的监督作用也（不容小觑／不能看不起）。

三 简单解释下面画线部分的意思：

1. <u>更要命的是</u>，他的视力每况愈下。
2. 这位先生，您有什么<u>高见</u>吗？
3. 网络让更多的普通人有了<u>话语权</u>，也让世界变成了<u>地球村</u>。
4. 文字所承载的信息的深度和广度都是电子产品的声光电画面<u>所不能比拟的</u>。
5. 任何事物都有<u>两面性</u>，世上恐怕没有十全十美的东西。
6. 网络确实是一把<u>双刃剑</u>。

（三）句式部分

用给出的词语改说或完成句子：

1. 形容词＋不到哪儿去（能＋形容词＋到哪儿去）

　　学习成绩当然也就好不到哪儿去了。

1）演员水平很差，故事没什么特色，音乐也不怎么样，这个电影能好吗？

2）现在是暑假，他又没去打工，所以我估计他不会太忙的。

3）A：这个孩子已经十岁了，可是身高才一米二多。

　　B：……

4）A：现在家用电器都在降价，我想趁这个机会买一台冰箱，你看怎么样？

　　B：……

5）A：他是名牌大学的毕业生，各方面的能力一定都很强，我们公司应该录用他。

　　B：……

2. （有它）吧，……；（没它）吧，……

　　有它吧，怕影响学习和工作，影响身体；可要是没它吧，还真是不行。

1）我现在的心情很矛盾：如果去考研究生，我就得放弃现在的工作；要是不去考，那又错过了一个很好的机会。

2）现在的年轻人对生育的看法改变了。很多人觉得有孩子有有孩子的好处，没孩子有没孩子的好处。

3）男朋友约我去看电影，我又想去又不想去：……

4）A：医生都说抽烟对身体有百害而无一利，你还是赶快戒烟吧。

　　B：……

5）A：听说你要把养了三年的狗送人，这是为什么呀？你不是很喜欢它吗？

　　B：……

3. 尽管……，但……，而且……

　　尽管有人批评网络的种种弊病，但大家还是都在不断地更新电脑和手机，而且升级换代的速度越来越快。

1）虽说上网对眼睛不好，可大部分人还是把它作为主要的休闲方式，上网的时间还越来越长。

2）现在的书价越来越贵了，不过人们的读书热情没有减退，很多人还把收藏书籍作为一个爱好。

3）我妈妈是个非常节省的人，现在家里的生活条件好多了，……

4）现在大家保护环境的意识提高了，……

5）A：听说小王最近特别忙，他会有时间帮助我吗？

　　B：……

4. 不管……，还是……，反正……

不管你说它好，还是说它坏，反正它已经成了"家家缺不了，人人离不开"的东西了。

1）苹果、鸭梨、橘子、西瓜、香蕉等等，只要是水果我就爱吃。

2）考上大学也好，考不上大学也好，只要努力提高自己的能力，都会有好的前途。

3）A：早就过了约好的时间了，王丽怎么还不来呀？

　　B：……

4）A：你真是个讲究生活品位的人，什么东西都要买名牌。

　　B：……

5）A：我想问问，在你选择男朋友的条件里，最重要的一条是什么？

　　B：……

5. ……，以至于……

长期处于这种状态下容易养成人的惰性，以至于最终导致思维的退化。

1）他长年坐在电脑前面工作，很少出去运动或交际，现在不仅身体发胖，连性格都变得内向了许多。

2）刘女士是一个非常善良的人，收养了许多流浪的小动物，现在她的家里已经"猫满为患"了。

3）他本来是个很聪明的人，可就是做什么都不下功夫，……

4）我们以前不注意保护环境，对树木乱砍滥伐，……

5）A：李明原来是个开朗乐观的人，怎么会走上自杀这条路呢？

　　B：……

6. ……，不失为……

人们有点儿急事、难事什么的，通过网络求助不失为一个好办法。

1）从我个人的体会来说，多读多背确实是学外语的好方法。

2）老李的爱人除了上班以外，全心全意地照顾丈夫和孩子，真可以说是一个贤妻良母。

3）"哈里·波特"系列的故事内容曲折有趣，……

4）A：昨天晚上你去听音乐会了吗？

　　B：……

5）A：你这次去上海玩儿得怎么样？

　　B：……

（四）任务与活动

一 讨论题：

1. 网络的利与弊。
2. 你对网游、网购、网恋有什么看法？
3. 你对"生活越现代化越好"这个观点怎么看？

二 就下列问题进行调查并作汇报：

假设你要到一个荒岛去生活两个月，可以在网络和书籍中任选一项带去，你会带什么呢？说说理由。（调查十人左右，看看人们对网络的依赖程度。注意尽量选择性别、年龄不同的人。）

口语知识（三）

汉语中固定搭配比喻的特点

很多人都有这样的感觉，即使到了高级阶段，留学生的口语也仍带着一种"学院"味儿。有人撰文论述中国人的口语表达难点有七种之多，其中一条为"口语中习用的固定搭配多"。一般在口语中有较多约定俗成的固定搭配：如"脸白得像一张纸"，是说人的脸缺乏血色；"皮肤像雪一样白"，则是白得漂亮、好看。

为缩小范围，这里所讨论的只是最基本的、带喻词的固定搭配比喻（即明喻）。

一、固定搭配比喻的特点：

1. 口语中的比喻与文学作品中的比喻主要区别在于：

文学作品中的比喻除了要求贴切、形象之外，特别要求要有创新；而口语中的比喻则并不要求创新，反而要求用人们已经熟悉的喻体。

2. 固定搭配比喻与其他熟语的区别：

带喻词的固定搭配比喻并没有像谚语、惯用语、成语那样形式固定，前后的顺序以及喻词可换，但本体及喻体却不变。如可以说"脑子笨得像木头"，也可以说"脑子跟木头一样笨"或者"脑子比木头还笨"，以及"木头一样的脑子"。性质词一般直接表现在句中，若是喻体的特性不言而喻，则可以省略。

二、比喻的类型：

常用的喻词有"像……（一样）""（跟）……似的"，"比……还……"虽然带着夸张成分，但它仍主要表示一种比喻。我们可以按类别分开，这样更容易记忆。

1. 有关外貌的比喻：

这类比喻大多用来修饰名词，在句子里多做定语或谓语，也可做补语。

（1）含褒义的比喻如：

> 黑葡萄似的眼睛　苹果一样的红脸蛋　糯米般的牙齿　葱根样的手指　莲藕一般的胳膊　像牛一样壮　一个个像小老虎似的　笑嘻嘻的像个弥勒佛　长得跟一朵花似的

（2）含贬义的比喻如：

> 鸡爪一样的手　麻杆一样的腿　眼睛绿豆似的　脸上的皱纹跟核桃皮似的　鼻子跟猩猩似的　腰粗得像水桶　脸黑得像木炭　瘦得像只猴儿　肥得像头猪　个子高得像电线杆　脸涨红得像猪肝　身子弯得像只大虾米

2. 有关动作、情态的比喻：

从形式上看，这类比喻都是以动词或形容词为中心，用来比喻的部分做状语或补语。

（1）动作：

> 走路像一阵风似的　像猴子一样灵巧　跟饿狼似的吃起来　像一头发怒的狮子咆哮起来　高兴得像个小孩子　跑得比兔子还快　睡得跟死猪似的

（2）情态：

> 像猫一样馋　像兔子一样胆小　笨得像木头　眼泪像断了线的珠子　（病人）身子软得像面条　（见某人）跟老鼠见了猫似的　跟个哑巴似的（不说话）　像热锅上的蚂蚁（坐立不安）　（东西）堆得像小山似的　像尾巴似的老跟着（某人）

情态的比喻一般都有较明确的性质词。

3.有关性格的比喻：

喻体一般用人们日常生活中所见的事物，以动物居多，而且多用于贬义，性质词多明确指出。如：

> 水一般的温柔　　火一样的热情　　跟吃了炸药似的
> 像绵羊一样老实　　简直像一条狗（谄媚）　　倔得像头驴
> 比狐狸还狡猾　　心肠比蛇蝎还毒

用典的比喻往往包含较深的文化内容，从中可以了解到更多的文化知识。

第十课　一方水土养一方食品

热身话题

1. 你喜欢什么风味的饮食？
2. 你觉得食物能影响人的长相和性格吗？
3. 中国各地食物各有特色，你能举出一两个例子吗？

本课人物：林志强、林雪、张华胜、刘玉玲

场　　景：林雪想给华胜介绍自己的同事刘玉玲，就带着大家一起去郊游。

志　强：　这里山清水美，如诗如画，人也不太多，难得有这么一块好地方。

林　雪：　据地质学家考察，这儿曾经河大水深，动植物也比较多，但后来发生了地质变化，水少了很多，不过植被还是很丰富的。动物嘛，四条腿的几乎已经看不到了，倒是我们这些两条腿的人类无处不在。

志　强：　（长出一口气）我好久没走过这么长的路，腿都酸了，肚子也提意见了。

林　雪：　好，咱们就在亭子这儿用餐吧。（大家坐下后）来，这是我做的酱肉。

华　胜：　好香啊！我这儿也有好吃的，无锡排骨，不过是买来的，省事！这叫懒人自有懒办法。哟，志强给我们吃日本寿司了，今天真有口福。

志　强：　雅子今天来不了，她专门为大家做了寿司，酱油、紫菜什么的，都是她妈妈从国内寄来的。调料不同味道就是不一样。我这儿还有地道的中国菜——炸黄花鱼、凉拌土豆丝，我妈妈做的，我借花献佛了。

玉　玲：　我的既减肥又美容，都是绿色有机蔬菜，黄瓜、西红柿、生菜，都是生吃的。

志　强：　你这可真是自然主义呀！摆得漂亮点儿就是饭店里的名菜"大丰收"。要我评最漂亮的菜，我就评玉玲的，颜色鲜艳，营养丰富，而且十分爽口。

玉　玲：　你可真会安慰人！我住集体宿舍，没办法做饭。我来现做一个凉拌西红柿。西红柿上撒白糖，有个好听的名字叫"火山雪顶"。哟，华胜准备了主食面包。林姐想得真周到，还带了榨菜。哇，八宝粥！这是志强的手艺呀？我尝尝，（品尝后）又甜又香，快说说怎么做的？

志　强：　暂时保密，想学啊，得交点儿"学费"。

林　雪：　你别听他的，最简单了！高压锅里多放点儿水，把大米、糯米、豆子、花生、莲子、红枣什么的都放进去熬，时间越长越好吃。我这儿还有月饼，是一个同事的父母从老家快递过来的，那里家家都做，芝麻馅儿、白糖馅儿、花生馅儿，什么都有。

玉　玲：　真有地方特色。我想起我们老家一到端午都包粽子，糯米里面放点儿肉丁、蘑菇，还有其他调料，满街那个香啊，我在别处就没闻到过。

志　强：　说起来啊，中国人布鞋换成皮鞋，自行车换成汽车，风格各异的地方民居换成千篇一律的钢筋水泥建筑，可就是"中国胃"变不了。中国人走到哪儿，中国饭店就开到哪儿。你从外表看不出广东县城和江苏县城的区别，也看不出湖南县城和北京郊县有什么不同，但是从街头小吃你就知道哪儿是南哪儿是北了。

林　雪：　是啊，我上次带一个旅游团从湖南到广东。午饭在湖南还辣得直流眼泪，可晚饭到了广东，就有口味重的人说食之无味了，可是爱喝汤的人就大喊口福不浅，顿顿都有汤，而且是先上。

华　胜：　你说的一点儿不错。我在湖南的时候，因为菜辣，而且又咸又香，饭量会增加，一个星期体重就上来了。可到了广东，菜淡了好多，吃饭变成吃菜，米饭几乎不动，嘿，不用减，体重又回去了。

林　雪：　你说得太夸张了吧。不过，人说一方水土养一方人，我看一方水土养一方食品，有的东西只能在出产地才能吃到。比如黄瓜，南方的就没有北方的清香。有一种"大仙菜",只在一个固定的小范围内生长才是甜的,而且不管煮多长时间,都是翠绿的。其他地方生长的就带点儿苦味了。

华　胜：我还知道现在当地人自己已经买不到正宗的"大仙菜"了,都被愿意出高价的上海人收走了。

林　雪：嘿,你怎么知道得这么清楚?

华　胜：《美食中国》节目说的嘛!别的节目我不清楚,这个节目我每期必看,主持人特别棒,她还写书呢!

玉　玲：原来你是她的粉丝呀!那你说说还有些什么?

华　胜：印象最深的是安徽绩溪的"一品锅",既不同于四川的麻辣火锅,也不同于北方的涮羊肉火锅。(用手比画)一口这么大的大铁锅,热腾腾地端上桌,里面还开着锅呢,一层鸡、一层鸭、一层油豆腐,放上一些蛋皮饺,最下边是萝卜、青菜,味道好极了。现在会做"一品锅"的人不多了,农村办红白喜事的时候才能吃到。

林　雪：我简直要对你刮目相看了。你记外语单词可没这么下过功夫,可说起吃来,头头是道的。

华　胜：没办法,一记单词我就犯困,可一说吃,我就精神了。我饭做得不行,可对吃还是很有研究的。我的目标就是成为民间"美食家",把所有的美味都尝一遍。

林　雪：那你找对象就难了,不是有句话说"要想抓住他的心,先得抓住他的胃"吗?不会做饭的首先就得淘汰。

华　胜：这个嘛,结婚也不光是吃饭!再说,太太天天忙厨房,我于心何忍哪。吃饭问题,找一个会做饭的保姆就解决了。

林　雪：你可真行。还没成家,早把家庭格局考虑好了。玉玲你说,是不是谁跟他谁享福啊!咱们也玩儿得差不多了,志强跟我走。华胜,我把玉玲交给你,你送她回去,可不能把她丢了,要不我找你算账!

华　胜：放心吧,她走到哪儿,我跟到哪儿,保证丢不了。

林　雪：恐怕你会跟着一块儿丢呢。

华　胜：别开我的玩笑了。改天我请大家去吃正宗的阿根廷烤肉!

词　语

1	亭子	tíngzi	（名）	pavilion。"亭"字可以和其他词语构成凉亭、钟亭、书亭、岗亭等：公园里有几个小～。｜坐在～下喝茶。
2	排骨	páigǔ	（名）	spareribs
3	寿司	shòusī	（名）	sushi。一种日本食品，用米饭做成。
4	紫菜	zǐcài	（名）	laver：～汤｜～包饭。
5	黄花鱼	huánghuāyú	（名）	yellow croaker
6	借花献佛	jiè huā xiàn fó		借别人的花来献给佛，比喻拿别人的东西做人情。
7	有机	yǒujī	（形）	organic：绿色～食品｜～苹果｜施～肥。
8	爽口	shuǎngkǒu	（形）	清爽可口：黄瓜很～。｜吃个口香糖爽爽口。
9	现	xiàn		临时；马上：汉堡要～做～吃。｜我～画一张给你。
10	火山	huǒshān	（名）	volcano
11	榨菜	zhàcài	（名）	用大头菜腌制的咸菜：一包～｜～丝炒肉片。
12	手艺	shǒuyì	（名）	手工业工人的技术：想学一门～｜他做饭的～很好。
13	高压锅	gāoyāguō	（名）	pressure cooker：一口～。
14	糯米	nuòmǐ	（名）	glutinous rice
15	莲子	liánzǐ	（名）	lotus seed
16	快递	kuàidì	（名、动）	express delivery; to express：～公司｜寄一份～｜你～给我吧。
17	芝麻	zhīma	（名）	sesame：～油叫香油。｜你要做最重要的事，不要抓了～，丢了西瓜。
18	粽子	zòngzi	（名）	一种食品，见注释"端午"条。
19	丁	dīng	（名）	蔬菜、肉类切成的小块：黄瓜～｜把肉切成小～。
20	民居	mínjū	（名）	民房：～邮票｜这里是典型的北方～。
21	千篇一律	qiān piān yí lǜ		只有一种形式，毫无变化。

22	钢筋	gāngjīn	（名）	rebar
23	夸张	kuāzhāng	（形）	exaggerated：你说得太~了。| 真的吗？没那么~吧？
24	清香	qīngxiāng	（形、名）	香味清淡；清淡的香味：黄瓜有~味。| 我喜欢~，不喜欢浓香。
25	翠绿	cuìlǜ	（形）	emerald green：~的山野 | ~的竹子。
26	正宗	zhèngzōng	（形）	正统的；真正的：这家四川饭店味道很~。
27	粉丝	fěnsī	（名）	fans：这个歌手有一群~。
28	麻辣	málà	（形）	又麻又辣的味道，以四川菜、湖南菜为代表。
29	火锅	huǒguō	（名）	chafing dish, hot pot：重庆~ | 今天吃~吧。
30	涮羊肉	shuànyángròu	（名）	instant-boiled mutton
31	热腾腾	rètēngtēng	（形）	形容热气上升、蒸发的样子：饭店备了~的毛巾让顾客擦脸。
32	刮目相看	guā mù xiāng kàn		用新的眼光来看待：他今天的表现非常优秀，跟过去完全不一样，大家对他~。
33	头头是道	tóu tóu shì dào		形容说话做事都很有条理：说起话来~。
34	犯困	fànkùn	（动）	想睡觉：有点儿~ | 昨天没睡好，今天一直~。
35	于心何忍	yú xīn hé rěn		怎么能够忍心，意思是不能忍心。
36	保姆	bǎomǔ	（名）	住在主人家里照管孩子、做家务劳动的女性。
37	成家	chéng jiā		结婚：儿子快40岁了，父母盼他赶快~。| ~立业是人生大事。
38	格局	géjú	（名）	结构和格式。pattern：家庭~ | 形成新的~。
39	算账	suàn zhàng		指吃亏或失败后和人计较、争执：他们已经赢了三次了，这次我们要跟他们彻底~。| 他们矛盾很深，现在要新帐旧账一起算。
40	改天	gǎitiān	（副）	以后的某一天（离说话时不太远）：咱们~再聊。

注 释

1. 肚子提意见

肚子饿了的幽默说法，还可以说"肚子饿得咕咕叫"。

2. 无锡（Wúxī）

   城市名，在江苏省。

3. 懒人自有懒办法

   懒惰的人自己可以想出一些适合懒人的节省时间、精力的办法，有时也使人觉得有道理。

4. 自然主义

   naturalism。本课是幽默说法，指食品是自然的、未经加工的。

5. 端午

   也写作"端五"。中国传统节日，农历五月初五。相传古代诗人屈原在这天投江自杀，后人为了纪念他，把这天当作节日，有吃粽子、赛龙舟等风俗。粽子成为一种特殊的食品，用竹叶或苇（wěi）叶等把糯米包住，扎成一定形状，煮熟后食用。

6. 一方水土养一方人

   谚语。指靠当地的资源养活当地的人。"一方水土养一方食品"借用了这一格式。

7. 安徽绩溪（Ānhuī Jìxī）

   安徽，省名。绩溪，安徽的地名。

8. 红白喜事

   泛指婚丧。结婚是喜事，以红色为主；丧事以白色为主，年纪大的人正常死亡的丧事叫喜丧。有时也称红白事。

9. 阿根廷（Āgēntíng）

   国名，Argentina。

练 习

（一）课文部分

一 用正确的语调朗读下列句子：

1. 来，这是我做的酱肉。
2. 调料不同味道就是不一样。
3. 那你说说还有些什么？

4. 我饭做得不行，可对吃还是很有研究的。

5. 吃饭问题，找一个会做饭的保姆就解决了。

6. 谁跟他谁享福啊！

二 说出下列各句画线部分的含义：

1. <u>肚子提意见</u>了。
2. 我妈妈做的，我<u>借花献佛</u>了。
3. 想学啊，<u>得交点儿"学费"</u>。
4. 你<u>别听他的</u>。
5. 可说起吃来，<u>头头是道</u>的。
6. 可不能把她丢了，<u>要不我找你算账</u>！

三 根据课文内容回答问题：（请使用提示词语）

1. 他们来到了一个什么样的地方？
  （如诗如画　难得　地质学家　曾经　现在）

2. 铃木的寿司是怎么做的？
  （酱油　紫菜　调料　味道）

3. 湖南菜和广东菜有什么不同？
  （辣　饭量　淡　食之无味　汤　米饭）

4. "大仙菜"是什么样的菜？
  （只　范围　不管……都……　苦味）

5. "一品锅"使用的是什么材料？做法是什么？
  （不同于　热腾腾　里面　下边　味道）

6. 华胜的"理想"是什么？
  （目标　美食家　所有　尝）

7. 华胜怎么设计自己的家庭生活？
  （太太　于心何忍　吃饭　解决）

四 根据课文内容填充下表：

	带来的食品的材料和特色	提到的食品的材料和特色
林 雪		
志 强		
华 胜		
玉 玲		

（二）词语部分

一 标出下列词语的读音，并在句中填入适当的词语：

借花献佛　千篇一律　钢筋水泥　红白喜事

刮目相看　于心何忍　头头是道　热腾腾

1. 村子里有（　　　　　）的时候会请他们来演奏乐器。
2. 我五年后见到他时不禁对他（　　　　　），他不再是那个沉默寡言、毫无自信的人了。
3. 别看他只有十岁，却能把各种飞机的性能说得（　　　　　）。
4. 天气这么冷，要是能吃一顿（　　　　　）的火锅该多好。
5. 她把生病的孩子扔在家里不管，（　　　　　）哪！
6. 这是朋友送我的葡萄酒，我（　　　　　），给你过生日喝吧。
7. 城市里到处是（　　　　　）的建筑，很难找到大片的绿地了。

二 用所给词语回答问题：

1. 什么样的水果比较贵？（有机）
2. 听说她已经进了歌手大赛第二轮，应该拿到名次了吧？（淘汰）
3. 饭做得好的条件有不少，你能举例说明吗？（调料）
4. 请说一说"八宝粥"的原材料。（莲子）
5. 这次的作文比赛有什么好作品吗？（千篇一律）
6. 刚上市的玉米味道怎么样？（清香）
7. 你的同屋怎么样？（夸张）
8. 哪个店的寿司／西餐／烤肉最地道？（正宗）

三 用画线词语简单回答下列问题：

1. 人在什么时候喜欢吃<u>爽口</u>的东西？什么食物比较<u>爽口</u>？
2. 请举出几种可以<u>凉拌</u>吃的菜。
3. 什么东西要<u>现做现吃</u>才好吃？
4. 你是谁的<u>粉丝</u>？欣赏一个人和成为某人的<u>粉丝</u>有什么区别？
5. 你什么时候容易<u>犯困</u>？
6. 你觉得什么样的家庭<u>格局</u>比较合理？
7. <u>保姆</u>和<u>小时工</u>各有什么特点？将来你会请哪种人？
8. 请猜一猜"<u>排骨美人</u>"是指什么样的人。
9. 在什么情况下你会<u>于心不忍</u>？

（三）句式部分

用给出的词语改说或完成句子：

1. 说起来啊，……，可就是……

    说起来啊，中国人布鞋换成皮鞋，自行车换成汽车，风格各异的地方民居换成千篇一律的钢筋水泥建筑，可就是"中国胃"变不了。

    1）人们都说，早上跑步，下午打球，都是锻炼身体的好办法，可是我坚持不下来，最多一个星期。

    2）谁都知道学外语要多听、多读、多说、多写，但是说起来容易做起来难，能做到的人不多。

    3）我父母每个月给我的钱并不少，……

    4）A：我给你介绍的那个女孩儿怎么样？

    　　B：……

    5）A：你在那儿住了十几年，应该对那儿很了解吧？

    　　B：……

2. ……还……，可……就……

    午饭在湖南还辣得直流眼泪，可晚饭到了广东，就有口味重的人说食之无味了。

1）昨天考的中文，感觉不错，提起今天考的数学，我无话可说。

2）上午在泰国穿的是短袖，下午到北京得穿毛衣。

3）说起儿子来他还眉飞色舞，……

4）他昨天还答应了，……

5）你别看他说起来一套一套的，……

3. ……，而且不管……，都……

有一种"大仙菜"，只在很小的范围内生长才是甜的，而且不管煮多长时间，都是翠绿的。

1）这种水果的生长范围就在这十公里以内，无论大小都一样甜。在其他地方味道就不一样了。

2）我弟弟这个人，奶奶才能管住他，奶奶怎么说他，他也不顶嘴。要是别人，他根本不听。

3）这是我们国家的工艺品，……

4）这种鸟有一个特点，……

5）他母亲对他爱得不得了，……

4. ……也不光是……，再说……

结婚也不光是吃饭！再说，太太天天忙厨房，我于心何忍哪。

1）留学不仅仅是在课堂里学习，而且总是看课本上那点儿东西，会失去很多机会。

2）体育活动并不是只有一种，而且老是打羽毛球，多无聊啊。

3）电脑除了娱乐还有别的功能，老是看着屏幕，……

4）人生的意义……

5）恋爱……

5. ……疑问代词，……疑问代词

她走到哪儿，我跟到哪儿，保证丢不了。

1）你做什么我都跟你一样，肯定没问题。

2）我起床的时间跟你的一样，一定不会迟到。

3）你问，我答，……

4）我们提供的都是你们需要的，……

5）A：公司的要求你们能做到吗？

　　B：……

（四）任务与活动

一 讨论题：

1. 出去郊游时，你会带什么食物？（介绍食物的颜色、味道、营养性、材料的新鲜程度、做法）
2. 每人都说说自己做得最拿手的菜，看看共涉及到多少材料、做法、味道等。从大家说的菜中选出一种你最感兴趣的菜。
3. 说一说野外烧烤（BBQ）需要的材料和各种食物的做法。

二 就下列问题进行调查并作汇报：

采访几位同学，请他们分别介绍一道自己国家中的只有在节日或红白事中才做的"大菜"，说一说这道菜的材料、味道、做法等。然后总结这些菜的相同/不同之处，向大家汇报。

姓名	国家	节日	菜名	材料	做法	味道

总结：

1. 共同点：

2. 不同点：

第十一课　乡音难改

热身话题

1. 你听到过中国的一些地方方言吗？能说一两句吗？
2. 人们在什么情况下会使用方言？
3. 请举例说明，外国人说的汉语有什么特点？算不算"方言"？

本课人物：林志强、铃木雅子、林志强的同学李辉和李辉的女朋友王思思

场　　景：在林志强的宿舍里，四个人正在聊天儿。

铃　木：　听口音，你是南方人吧？

李　辉：　你听得出来？看来我的普通话说得太糟糕了。你的汉语真不错，让我这个中国人也自叹不如呀。

铃　木：　哪里哪里，你过奖了。其实你这么说话挺好听的。

李　辉：　你看，连中国的客套话都说得这么地道，一定是志强的功劳。

志　强：　人家有语言天赋哇！雅子听过一门方言课，对方言有一点儿研究，所以能听出来。再说，你的口音也确实重了点儿。

李　辉：　没办法，乡音难改呀。说起来我到北方读书也有好几年了，普通话就是讲不好，词汇问题不大，可发音简直没办法。舌头就是卷不过来，"zh、ch、sh"和"z、c、s"总弄混，"h"和"f"也分不大清。

就拿我的名字来说吧，明明叫李辉（huī），可是我一说就成李飞（fēi）了。

铃　木：你算不错了。我们系有几位老先生，口音那才叫重呢，"男的"说成"蓝的"，"春装"读成"村庄"，别说是我了，就连中国同学听起来也很费劲。

李　辉：就是，记得我们大一时上一位老先生的课，那位老先生和我是一个省的人，有一天讲文字的起源，说汉字最早起源于"头发蚊子"，大家不明白汉字和"头发""蚊子"有什么关系啊，就都愣着看我，让我翻译。我也不懂呀，就看老师，老师没办法，就写黑板，你们猜是什么？（大家摇头）原来是"图、画、文、字"。（众笑）

志　强：你们是同乡，怎么不懂他说的话呢？

李　辉：你没听说过"十里不同音"吗？我和他说起来是同乡，其实还差着二百里地呢。

王思思：听你们这么一说，我也想起我学普通话的事情了。我们家乡话中"l""r"不分，所以，我闹过这样的笑话——一次，同学们一起去外面吃饭，大家问我喜欢吃什么，我说我喜欢吃"古老肉"，可是我把肉（ròu）说成了"lòu"，把大家笑得前仰后合的。从那以后他们给我起了个外号，叫我"老漏"。我气得不得了，后来一咬牙就发奋背字典，硬是一个字一个字地扳过来了。

铃　木：怪不得听不出你的口音呢，"功夫不负有心人"啊。

志　强：李辉，你应该好好儿向人家学学。

李　辉：我可没有她的毅力，也吃不了那份苦，凑合着不影响交流就行了。

王思思：还说不影响呢，上次跟你回老家，你爸说："墙上有一头蚊子。"把我吓得够呛，以为蚊子成精了。你想，"一头"呀！一头该有多大个儿吧！谁知只是一只普通的小蚊子而已。

李　辉：你也别说我，我去你家的时候，大家去K歌，你们说唱"一条歌"，把我笑得够呛，歌有论"条"的吗？

志　强：你们就别互相揭短了，看把雅子乐的。不过说实话，我真没想到外地人说普通话这么难。我是北京人，从小在北京长大，说普通话有得天独厚的条件。以前我总觉得外地人说话口音重，舌头硬，对你们学普通话的难处一点儿也不理解，还开过二位的玩笑。今天听你们一说，真是不好意思，向你们二位赔礼啦。

李　辉：要是你态度早像今天这样，不老取笑我，可能我都能当播音员了。

铃　木：你现在说得挺标准的。比我的汉语好多了。因为汉语有四声，对外国人来说特别难。还有汉语中有很多日语中没有的音，学起来特别费劲。举个最简单的例子吧，"日"这个音就很难，刚开始我老说成"利"，我花了大半年的时间才发好。到现在我还每次都小心翼翼的。

志　强：说外语都是这样，慢慢习惯了就好了。

铃　木：对了，上次去南方考察，我发现人们差不多都会说普通话，特别是年轻人，虽然还有口音，但听懂基本没有问题。可是年纪大的人就不行了，我说话他们能听懂，可他们说的话我大部分都听不懂，这事说起来挺奇怪的。

志　强：这不足为奇。现在的年轻人，小时候上学时都学过普通话。年纪大的人虽然不会说普通话，可是天天听广播、看电视，里面说的可都是普通话，听懂没问题。

王思思：现在社会发展越来越快，人与人之间的来往也越来越多，普通话的作用也越来越重要。

志　强：是这样。这些年中国的普通话推广工作做得挺不错的。这除了跟国家重视、教育普及有关外，好像和人们生活水平提高也有直接的关系。你看电视里的播音员、主持人，哪个不是一口标准的普通话？

铃　木：别说播音员了，就是普通人也都说得挺好。不过我还有个问题，我发现很多人虽然普通话说得很好，可是和老乡一见面就叽里咕噜说起家乡话来，其他人一下子都成了外人。这是为什么呢？

李　辉：俗话说："老乡见老乡，两眼泪汪汪。"老乡见面一说家乡话马上就觉得像一家人一样，距离一下子就拉近了，觉得很亲切。我虽然在北方很多年了，平时也都说普通话，但回到家乡还是不由自主地说家乡话。

铃　木：怪不得电视里的一些小品、电视剧要用方言呢。这么说，我也应该学学方言，免得到时候又成"老外"了。

词　语

1	乡音	xiāngyīn	（名）	家乡口音。
2	口音	kǒuyīn	（名）	说话时所带的方音。accent
3	自叹不如	zìtàn bùrú		自己感叹，觉得不如别人。
4	过奖	guòjiǎng	（动）	过分地表扬或夸奖。一般为表示谦虚的话。
5	客套话	kètàohuà	（名）	表示客气的话。
6	功劳	gōngláo	（名）	功绩和辛劳。
7	天赋	tiānfù	（名）	一出生就具有的某种能力或特性。
8	方言	fāngyán	（名）	只在一个地方使用的、和标准语言有区别的语言。dialect
9	发音	fāyīn	（名）	发出的语音。pronunciation
10	费劲	fèijìn	（动）	耗费气力，比喻困难。
11	起源	qǐyuán	（名）	事情最早的来源。
12	前仰后合	qián yǎng hòu hé		形容大笑时弯腰仰身的样子。
13	外号	wàihào	（名）	在本名以外另起的名号。nickname：起～。
14	咬牙	yǎoyá	（动）	因极端愤怒或忍住极大痛苦而咬紧牙齿：恨得直～｜房子很贵，但他还是～贷款了。
15	发奋	fāfèn	（动）	振作起来，努力。
16	硬是	yìngshì	（副）	真的是；无论如何也……
17	扳	bān	（动）	使位置固定的东西改变方向或转动，本文指纠正：～倒｜我本来用左手写字，后来～成右手写了。
18	毅力	yìlì	（名）	坚强持久的意志：他很有～。
19	老家	lǎojiā	（名）	祖父辈生活的地方：回～。
20	够呛	gòuqiàng	（形）	形容程度很高。
21	成精	chéng jīng		变成妖精、精灵。
22	论	lùn	（介）	表示用做衡量的标准：～斤卖｜～天出租。

23	揭短	jiē duǎn		揭露、说出人的短处:俗话说,打人别打脸,骂人别~。
24	得天独厚	dé tiān dú hòu		有特别优越的天然条件。
25	赔礼	péi lǐ		道歉,认错。
26	取笑	qǔxiào	(动)	笑话,嘲笑。
27	播音员	bōyīnyuán	(名)	announcer
28	小心翼翼	xiǎoxīn yìyì		形容非常小心、谨慎。
29	不足为奇	bùzúwéiqí		不值得奇怪,指事物、现象很平常。
30	普及	pǔjí	(动)	普遍地传到:~教育｜~知识。
31	老乡	lǎoxiāng	(名)	同乡,来自同一个地方的人。
32	叽里咕噜	jīligūlū	(拟声)	形容听不懂的语言。
33	家乡话	jiāxiānghuà	(名)	老家人说的话,一般是方言。
34	外人	wàirén	(名)	某一范围以外的人:他们把我们看做~,不让我们了解这些事。
35	泪汪汪	lèiwāngwāng	(形)	形容眼睛里充满了泪水。
36	不由自主	bù yóu zì zhǔ		自己不能控制自己。
37	小品	xiǎopǐn	(名)	某些短小的文学艺术表现形式。本课指一种短小的戏剧。
38	免得	miǎnde	(连)	避免出现。
39	老外	lǎowài	(名)	外行;也指外国人,非正式、开玩笑的说法。

注 释

1. **图画文字**

   用图画来表达意思的文字。特点是用整幅图画表示意思,本身不能分解成字,没有固定的读法。

2. **十里不同音**

   在相距十里以外的地方,语音就改变了。比喻方言多。

3. **功夫不负有心人**

   俗语。表示只要勤奋用心去做一件事,就一定会成功。

4. 老乡见老乡，两眼泪汪汪

形容在异地他乡见到从自己家乡来的人，就像见到了亲人一样，非常激动的样子。

练 习

（一）课文部分

一 用正确的语调朗读下列句子：

1. 哪里哪里，你过奖了。其实你这么说话挺好听的。
2. 你看，连中国的客套话都说得这么地道，一定是志强的功劳。
3. 就拿我的名字来说吧，明明叫李辉，可是我一说就成李飞了。
4. 你想，"一头"呀！一头该有多大个儿吧！谁知只是一只普通的小蚊子而已。
5. 今天听你们一说，真是不好意思，向你们二位赔礼啦。

二 说出下列各句画线部分的含义：

1. 哪里哪里，你过奖了。
2. 我们系有几位老先生，口音那才叫重呢。
3. 你没听说过"十里不同音"吗？
4. 我硬是一个字一个字地掰过来了。
5. 怪不得听不出你的口音呢，"功夫不负有心人"啊。
6. "老乡见老乡，两眼泪汪汪"。

三 根据课文内容回答问题：（请使用提示词语）

1. 铃木为什么能听出来李辉是南方人？
   （一门　方言课　研究　再说　口音）

2. 李辉觉得普通话难学吗？说一下他的感觉。
   （说起来　舌头　弄混　分不清　明明）

3. 王思思学普通话时闹过什么笑话？
   （把……说成……　前仰后合　气得不得了　发奋　硬是）

4. 志强听了李辉和王思思的话有什么感觉？
   （说实话　得天独厚　难处　向……赔礼）

5. 为什么老乡见面喜欢说家乡话？
（俗话说　一……就……　距离　一家人　亲切　不由自主）

（二）词语部分

一 标出下列词语的读音，然后在句中填入适当的词语：

起源　取笑　普及　费劲　推广　揭短　硬是

不由自主　得天独厚　叽里咕噜　自叹不如　前仰后合

1. 随着电视和电脑的（　　　），不同国家和地区之间的交往越来越频繁。
2. 中华民族（　　　）于黄河流域还是长江流域？这么简单的问题回答起来应该不（　　　）吧？
3. 你们是朋友，应该互相学习、互相帮助，取长补短，怎么能互相（　　　）呢？再说每个人都有优点和缺点，随便（　　　）别人，不太礼貌吧？
4. 这么重的行李，她（　　　）一个人搬上了五层楼，真了不起！
5. 由于中国地域广大，方言众多，（　　　）普通话就显得十分必要。
6. 大城市的孩子在教育方面有（　　　）的条件，农村孩子（　　　）。
7. 看大家笑得（　　　）的，我也（　　　）地笑了起来。
8. 那两个外国人拿着地图，嘴里（　　　）的不知在说什么，可能在找路吧。

二 从所给的答案中选择一个，完成句子：

1. 那个外国人（结结巴巴／叽里咕噜）地用汉语问我："车站在哪儿？"
2. 身后有人大声喊叫，他（身不由己／不由自主）地回过头去。
3. 我唱歌常常跑调儿，朋友们都（嘲笑／取笑）我是"五音不全"。
4. 酒席很丰盛，不过她正在减肥，今天（硬是一口都没吃／大饱口福了）。
5. 明天有考试，还是别去参加聚会了，（免得朋友不开心／免得考试不及格）。
6. 下雪了，路面很滑，行人走路都（前仰后合／小心翼翼）的。

三 简单解释下面画线部分的意思：

1. 我这个中国人也<u>自叹不如</u>呀。
2. 把我吓得<u>够呛</u>，以为蚊子成精了。
3. 你们就别互相<u>揭短</u>了，看把雅子乐的。
4. 我是北京人，从小在北京长大，说普通话有<u>得天独厚</u>的条件。
5. 他和老乡一见面就<u>叽里咕噜</u>说起家乡话来。

（三）句式部分

用给出的词语改说或完成句子：

1. 看来……

    你听得出来？看来我的普通话说得太糟糕了。

    1）现在不但很多年轻人学开车，年纪大的人也有不少在学。开车并不难。

    2）政府公布的发病人数一天比一天少。这种疾病已经得到了有效控制。

    3）我们吵架以后，我给她打电话她一直不接，……

    4）房间里没有灯，敲门也没有人答应，……

    5）他今天考试回来高高兴兴的，……

2. 拿……来说吧

    就拿我的名字来说吧，明明叫李辉，可是我一说就成李飞了。

    1）做什么事都不能急于求成。学外语应该一句一句地学，一个生词一个生词地记。

    2）夫妻共同分担家务的家庭越来越多。小王家就是妻子做饭，丈夫洗衣服，一起收拾房间。

    3）每个家长都会望子成龙，……

    4）俗话说"一分钱一分货"，……

    5）独生子女也不一定都独立性不强，……

3. 别说……，就连……也……

    别说是我了，就连中国同学听起来也很费劲。

    1）这个问题太简单了，小学生都知道，我当然知道了。

    2）我不能吃辣。四川菜吃不了，有辣味的菜也不能碰。

    3）她从小学习音乐，……

    4）他把自己关在屋里学习，谁的电话也不接，……

    5）他没学过汉语，……

4. 以为……，谁知……

　　（我）以为蚊子成精了。你想，"一头"呀！一头该有多大个儿吧！谁知只是一只普通的小蚊子而已。

1）已经八点半了，我想他早就去学校上课了，没想到他还躺在屋里睡大觉。

2）我记得我把作业放到书包里了，到教室才发现忘在房间了。

3）看大师傅包饺子又快又好，我们就觉得包饺子很容易，……

4）这本书这么厚，我的水平一定看不懂，……

5）他们郎才女貌，大家都说是天生的一对，……

5. 除了跟……有关外，……也……

　　这除了跟国家重视、教育普及有关外，好像和人们生活水平提高也有直接的关系。

1）改变农村落后的现状，政府的农村政策很重要，农村人自身的努力也很重要。

2）爷爷八十多了，可耳不聋眼不花。他饮食清淡，不抽烟不喝酒，每天都打一个小时的太极拳。

3）年轻人在找工作时，……

4）要想说好一门语言，……

5）人人都希望长命百岁，……

（四）任务与活动

一 讨论题：

1. 你们国家是否存在方言？主要区别表现在什么方面？（如语音、词汇、语法、书写方式等）
2. 汉语学习中有哪些难点？你觉得原因是什么？有什么好办法？

二 辩论题：

1. 甲方：一个国家中最好不要有方言的存在。
　　乙方：一个国家应该提倡不同方言的存在。

2. 甲方：女生比男生更擅长学习语言。
   乙方：男生比女生更擅长学习语言。

三 请你说说：

1. 到网上找几个方言小品，说说它们有什么特点。（发音、人物和故事情节等）
2. 学生们常常说："老师说的话我都能听懂，一出校门我就听不懂。"你觉得这是什么原因造成的？

第十二课　团团圆圆过个年

热身话题

1. 你知道哪些中国的传统节日？
2. 你知道中国节日有什么代表性活动吗？请举一例。
3. 你们国家最大的节日是什么？

本课人物：林志强一家及铃木雅子

场　　景：大年三十的晚上，林志强一家及铃木雅子到一家饭店吃年夜饭。

志　强：（指着靠里面的座位）请父母大人先入上座吧！

林　母：哎呀，现在谁还讲究这些，大家随便坐吧。

郝　阳：不行不行。今天可是最重要的传统节日，咱们还得按老规矩办。来来来，大家都请入座。

（服务员开始陆续上菜）

铃　木：哇，好丰盛啊！每个菜都写着名字呢，这条鱼叫"吉庆有余"，这个颜色金黄的叫"金色满园"，这四个大丸子叫"四喜丸子"，这道汤菜叫"全家福"，我知道"全家福"象征着全家幸福团圆，寓意多好啊！旁边搭配的这些装饰品刀工真好，瞧这只仙鹤，萝卜做的吧，还有这些花，跟真的似的。

林　雪：	真是色香味形器俱全啊，我都舍不得下筷子了。在饭店里过年是不错啊，不仅心情放松，没有一点儿负担，而且还能吃到家里做不出来的美味佳肴，这才是真正的过节哪！
志　强：	我提议，咱们每人说一句祝愿的话，好不好？请爸爸妈妈先说。
林　母：	我呀，最大的愿望就是你们都平平安安、快快乐乐的。
林　父：	我也一样。还有，元元今年就要上小学了，我要特别祝你好好学习，天天向上哦！
郝　阳：	我代表晚辈们祝爸爸妈妈身体健康，老有所乐，越活越年轻！
林　雪：	我祝志强和雅子更加相爱，也祝你们早日找到理想的用武之地！
铃　木：	我祝大家新年万事如意，财运亨通！
志　强：	该说的都让你们说了，我该说什么呀？好吧，你们都是来"雅"的，我来点儿"俗"的：祝大家该胖的胖起来，该瘦的瘦下去，咱们家的日子就像今天的这一桌子菜，五彩缤纷，热气腾腾。来，干杯！

（大家碰杯后坐下）

林　母：	雅子，这是你第几次在中国过春节了？
铃　木：	别看我在中国已经待了几年了，可每次都是一放寒假就回国了，这是我第一次实地体验春节的气氛。我对春节的来龙去脉了解一些，书上说，从上古时代就有过春节的习惯了，距今大概得有四千多年了吧？
林　父：	对。最初的春节是人们为了庆祝一年的丰收，感谢天地、鬼神和祖先的保佑，在岁末举行的大祭，也是为了祝愿新的一年平安顺利。
铃　木：	日本以前也过农历的新年，但一百多年前就开始改成公历1月1日了。在日本，新年是最重要的节日，全国都放假，有很多热闹的活动。可中国的元旦几乎没有什么节日气氛，就是放一天假而已。为什么中国人对春节比对元旦重视得多呢？
林　雪：	我觉得这是中国的社会特点决定的。中国自古以来就是个农业国家，古人是按照农历来安排农业生产和日常生活的。春节期间，正好一个收获季节过去了，南方和北方都是农闲季节，人们的时间比较充裕，可以好好儿地来娱乐、休息，也便于举行各种庆祝、祈祷的仪式。

	另外，从经济的角度来说，春节是在农作物收获之后，也给人们提供了比较丰厚的物质基础，为改善生活创造了条件。
志　强：	中国采用公历也就一百年，悠久的历史和文化使得中国人过春节格外隆重。
林　父：	我们小时候过春节比现在热闹多了。一进腊月节日气氛就一天比一天浓，年货也陆续上市了，家家都得准备年画、春联、"福"字什么的，到处都是红红火火的颜色，看着就让人高兴。
林　母：	可不是！那时候规矩也多，腊月初八那天要熬腊八粥、泡腊八蒜，腊月二十三要祭灶王爷，二十四要扫房，理发要赶在二十七，年画得在二十八贴。到了三十晚上，全家人在一起守岁、包饺子，一晚上都不睡觉。大年初一的早上，先得放一挂鞭炮驱驱邪，然后给长辈拜年，再给街坊邻居拜年，道一声"过年好"，处处都能让人感到吉祥、喜庆。
郝　阳：	记得我们小时候，打心眼儿里盼着过春节，过春节能放鞭炮，能拿到压岁钱。我们也喜欢跟着大人出去串门儿，走亲戚，每天都是热热闹闹的。
林　雪：	这些习俗现在保留下来的不多了，串门拜年的少多了，都改短信、微信拜年了。不过春节"团团圆圆过大年"的内涵还是一点儿都没变。在外地工作的人春节都要回家，所以快递比平时慢多了，留在城里务工的人都成了抢手的香饽饽了。
铃　木：	我听过一首歌，叫《常回家看看》，春节就更得回家团聚啦。有报道说，今年春运期间客运量达到30多亿人次，不早点儿到网上抢票就走不了了，飞机、动车、高铁都是一票难求啊！报纸上整版整版都是春运的照片，有个题目很形象，叫作《亲情大迁徙》。
林　父：	说得真好啊，让人觉得心里暖暖的。要说现在这节日可真够多的，传统的、现代的，再加上外国的，我看咱们谁都有节日可过了。女士们过三八妇女节、年轻人过五四青年节、孩子们过六一儿童节，还有什么"情人节""母亲节""父亲节"。
林　雪：	爸，今年到了父亲节，我一定给您备一份可心的礼物啊！

林　母：　你们别光顾说话呀，快趁热吃吧。咱们吃完饭还要回去看春晚呢！

林　父：　来来来，大家都动筷子吧！

志　强：　今天我可要大饱口福啦！

词　语

1	团圆	tuányuán	（动）	（亲属）聚合在一起：全家~｜~饭｜~年。
2	上座	shàngzuò	（名）	指座位分尊卑时最尊的座位。
3	入座	rùzuò	（动）	敬辞，坐到座位上。
4	丰盛	fēngshèng	（形）	指物质方面丰富，多指饮食：~的早餐｜~的酒席。
5	寓意	yùyì	（名）	寄托或隐含的意思：有~｜~深刻｜~丰富。
6	搭配	dāpèi	（动）	按一定的要求安排分配：词语~｜颜色~｜营养~。
7	刀工	dāogōng	（名）	指用刀切菜或雕刻等的手法、技术。
8	仙鹤	xiānhè	（名）	crane
9	俱全	jùquán	（形）	齐全；完备：一应~｜文武~｜麻雀虽小，五脏~。
10	美味佳肴	měiwèi jiāyáo		味道鲜美的食品。
11	老有所乐	lǎo yǒu suǒ lè		老了以后仍有快乐的事情。
12	万事如意	wànshì rúyì		所有的事情都很满意。
13	财运亨通	cáiyùn hēngtōng		发财的运气顺利通达。
14	雅	yǎ	（形）	高尚的，不粗俗的（一般不单用）：文~｜高~｜~致。
15	俗	sú	（形）	大众的；普遍流行的：Pt，铂，~名白金。｜歌剧比较雅，小品比较~。
16	五彩缤纷	wǔcǎi bīnfēn		颜色繁多，非常好看。
17	热气腾腾	rèqì téngténg		多形容刚做好的饭菜冒着热气。
18	来龙去脉	lái lóng qù mài		比喻人、物的来历或事情的前因后果。

19	保佑	bǎoyòu	（动）	神力的保护和帮助。to bless
20	自古以来	zì gǔ yǐ lái		从古代到现在。
21	充裕	chōngyù	（形）	充足、富裕：~的时间。
22	祈祷	qídǎo	（动）	to pray
23	丰厚	fēnghòu	（形）	丰富，多：~的资产｜~的奖金｜~的财富。
24	隆重	lóngzhòng	（形）	盛大庄重：~的节日｜~的仪式｜~的典礼｜~的婚礼。
25	腊月	làyuè	（名）	农历的十二月。
26	年货	niánhuò	（名）	过农历年时准备的物品。
27	红红火火	hónghónghuǒhuǒ	（形）	形容旺盛、兴隆、热闹。
28	守岁	shǒusuì	（动）	在农历除夕的晚上不睡觉，直到天亮。
29	鞭炮	biānpào	（名）	firecrackers
30	驱邪	qūxié	（动）	赶走鬼神带来的灾祸。
31	长辈	zhǎngbèi	（名）	辈分大的人。
32	拜年	bàinián	（动）	向别人祝贺新年：给长辈~。
33	街坊	jiēfang	（名）	邻居。
34	打心眼儿里	dǎ xīnyǎnr lǐ		从心里：~喜欢｜~希望｜~盼望｜~讨厌。
35	串门	chuànmén	（动）	到别人家去闲坐聊天：去亲戚家~。
36	抢手	qiǎngshǒu	（形）	（货物等）很受欢迎：~货｜~的手机｜火车票很~。
37	香饽饽	xiāngbōbo	（名）	一种食品。比喻受欢迎的人和东西。
38	版	bǎn	（名）	报纸的一面叫一版。
39	迁徙	qiānxǐ	（动）	离开原来的地方而另换地点：~到平原｜鸟类~。
40	大饱口福	dà bǎo kǒufú		吃够了好吃的东西，很满足。

注　释

1. 年夜饭

又称团圆饭，指农历除夕（农历每年的最后一天）的晚餐。这一天人们准备除旧迎新，一家相聚，共进晚餐。

2. 父母大人

    古时对父母的尊称。

3. 吉庆有余

    菜名，即红烧鱼，"余"与"鱼"谐音，象征吉祥、富裕。

4. 金色满园

    菜名，即软炸虾仁或瘦肉，因其颜色金黄，所以寓意阳光灿烂，生活美满。

5. 四喜丸子

    菜名，由四个色泽金黄、香味四溢的丸子组成，寓意人生福、禄、寿、喜俱全。

6. 全家福

    本指全家人一起拍的照片，在这里是菜名，指用海参、虾仁、银耳、冬菇、鸡块、肉丸子等做成的炖菜。寓意全家团聚，幸福如意。

7. 色香味形器

    中国菜最讲究的五个方面。色，指菜的颜色搭配；香，指调料和菜的香气；味，指菜的鲜美口味；形，指菜的优美形态；器，指精美的器皿。

8. 好好学习，天天向上

    意思是认真学习，提升自己的精神和道德水平。这是上个世纪50年代初毛泽东给中国少年儿童的题词。

9. 大祭

    指重要的、大型的祭祀活动。

10. 年画、春联、"福"字

    都是春节特有的民俗用品。年画，表现欢乐吉庆气氛的图画；春联，贴在门两边的对联；"福"字，即写着"福"字的红纸，过年时贴在门上，一般倒着贴，与"福到"谐音。

11. 腊八粥、腊八蒜

    腊八粥，在腊月初八这一天，用米、豆等谷物和枣、栗子、莲子等干果煮成的粥。腊八蒜，用醋腌的蒜。蒜酸脆可口，醋又带着蒜的辣味和清香。

12. 灶王爷

    也叫灶神、灶君，是在锅灶附近供的神，人们认为他掌管一家的祸福财气。

13. 压岁钱

　　春节拜年时，长辈将事先准备好的压岁钱放进红包分给晚辈。相传压岁钱可以压住邪祟（suì），因为"岁"与"祟"谐音，所以晚辈得到压岁钱就象征着可以平平安安度过一岁。

14. 春运

　　即春节运输，是中国在农历春节前后出现的一种大规模的高交通运输压力的现象。具体的时间每年都不一样，以春节为中心，共40天左右。

15. 动车、高铁

　　在中国，时速达到250公里或以上的列车称为"动车"，"高铁"是指高速铁路，高铁列车时速达到300—350公里或以上。

16. 春晚

　　中国中央电视台（CCTV）春节联欢晚会的简称，也称为"央视春晚"，是中央电视台在每年农历除夕晚上为庆祝农历新年举办的综艺性文艺晚会。因为在演出规模、演员阵容、播出时长和海内外观众收视率上都达到了世界之最，2012年4月，"春晚"荣获吉尼斯世界纪录证书。

练 习

（一）课文部分

一　用正确的语调朗读下列句子：

1. 哎呀，现在谁还讲究这些，大家随便坐吧。
2. 不行不行。今天可是最重要的传统节日，咱们还得按老规矩办。来来来，大家都请入座。
3. 瞧这只仙鹤，萝卜做的吧，还有这些花，跟真的似的。
4. 这才是真正的过节哪！
5. 我呀，最大的愿望就是你们都平平安安、快快乐乐的。
6. 好吧，你们都是来"雅"的，我来点儿"俗"的：祝大家该胖的胖起来，该瘦的瘦下去。来，干杯！
7. 说得真好啊，让人觉得心里暖暖的。
8. 你们别光顾说话呀，快趁热吃吧。咱们吃完饭还要回去看春晚呢！

二 说出下列各句的含义：

1. 请父母大人先入上座吧！
2. 真是色香味形器俱全啊，我都舍不得下筷子了。
3. 祝咱们家的日子就像今天的这一桌子菜，五彩缤纷，热气腾腾。
4. 到处都是红红火火的颜色，看着就让人高兴。
5. 记得我们小时候，打心眼儿里盼着过春节。
6. 留在城里务工的人都成了抢手的香饽饽了。
7. 报纸上整版整版都是春运的照片，有个题目很形象，叫作《亲情大迁徙》。

三 根据课文内容回答问题：（请使用提示词语）

1. 铃木看到一桌子菜以后说了些什么？
   （丰盛　全家福　象征　寓意　刀工　跟真的似的）

2. 林雪对在饭店过春节怎么看？
   （舍不得　放松　负担　美味佳肴）

3. 春节是怎么来的？
   （上古　距今　庆祝　丰收　保佑　举行　祝愿）

4. 中国人为什么这么重视春节？
   （社会　农业国家　农历　安排　农闲　充裕　收获　丰厚）

5. 林父、林母为什么觉得他们小时候的春节比现在更热闹？
   （气氛　年货　家家　到处　规矩　守岁　拜年　吉祥）

6. 现在中国人过春节的情况怎么样？
   （短信　微信　内涵　回家　快递　香饽饽　抢票）

（二）词语部分

一 标出下列词语的读音，然后在句中填入适当的词语

美味佳肴　老有所乐　万事如意　五彩缤纷　热气腾腾

来龙去脉　自古以来　红红火火　大饱口福

1. 在这种滴水成冰的季节，吃一碗（　　　　）的过桥米线，真是再舒服不过了。
2. 几乎每一个传统节日都会有一些特殊的（　　　　）与它相配。
3. 周末回到家里，爸妈做了一大桌子的菜，都是我爱吃的，让我（　　　　）。
4. 中国人（　　　　）就有除夕夜吃饺子、放鞭炮、守岁的传统。
5. 这个花店里的花（　　　　），夺人眼球，让人不由自主地想购买。
6. 老师给我们详细介绍了几个重要传统节日的（　　　　）。
7. 又是放炮，又是摆花，一家卖馄饨的连锁店（　　　　）地开业了。
8. 想要有一个幸福的晚年，必须要老有所养，（　　　　）。

二 从所给的答案中选择一个，完成句子：

1. 哎呀！多年不见，你还是老样子，真是（越过越幸福／越活越年轻）啊！
2. 毕业后，他在一家大型的国有企业找到了（用武之地／停留之地），发挥了专长。
3. 中国（古代以来／自古以来）就是一个非常重视农业的国家。
4. 在天寒地冻的季节里，坐在温暖的房间里，来一杯（热气沸腾／热气腾腾）的咖啡，别提多美了！
5. 根据考古学家和历史学家的研究，中国有五千年的（悠久／长久）历史。
6. 进了腊月，节日的气氛一天比一天（浓／厚），年货也（继续上市／陆续上市）了。
7. 最近报纸上（一版一版／整版整版）都是关于奥运会的报道。
8. 每年一到春运期间，人们都要回家（团圆／团团圆圆），火车票、飞机票都是（一票难求／一票难买）啊！

三 简单解释下面画线部分的意思：

1. 咱们还得按<u>老规矩</u>办。
2. 这条鱼叫"<u>吉庆有余</u>"，这个颜色金黄的叫"<u>金色满园</u>"，这四个大丸子叫"<u>四喜丸子</u>"，这道汤菜叫"<u>全家福</u>"。
3. 我要特别祝你好好学习，<u>天天向上</u>哦！

4. 也祝你们早日找到理想的<u>用武之地</u>！
5. 祝咱们家的日子就像今天的这一桌子菜，<u>五彩缤纷，热气腾腾</u>。
6. 春节期间，正好一个<u>收获季节</u>过去了，南方和北方都是<u>农闲季节</u>。
7. 大年初一的早上，先得放一挂鞭炮<u>驱驱邪</u>。
8. 今天我可要<u>大饱口福</u>啦！

（三）句式部分

用给出的词语改说或完成句子：

1. 象征着……

    我知道"全家福"象征着全家幸福团圆。

    1）这座儿童与鸽子的雕塑代表着人们对和平与未来的向往。

    2）目前私人汽车占有量越来越大，这说明经济的发展越来越快了。

    3）结婚时，我们在房间里挂了一幅有鸳鸯（yuānyang, mandarin duck）戏水图案的国画，……

    4）A：中国人在过春节的时候为什么要在门上贴倒过来的"福"字呢？

    B：……

    5）A：西方人结婚时新娘都穿白色婚纱，而中国人结婚时新娘却喜欢穿红色的服装，这里面有什么讲究吗？

    B：……

2. 这才是……哪

    这才是真正的过节哪！

    1）周末的时候，喝着茉莉花茶，看着一本自己喜欢的书，真是一种享受。

    2）我买的第一辆车工艺粗糙，噪声大、费油，速度也上不去；现在这辆车又气派又省油，性能也非常好，不愧是世界名牌产品。

    3）小王能做一手好菜，又有丰富的育儿知识，把丈夫和孩子都照顾得非常好，……

    4）A：奶奶，今天考试我又得了满分。

    B：……

5）A：昨天的电视新闻里揭露了商家利用打折欺骗顾客的丑闻，你看了吗？

B：……

3. 该……的……

祝大家该胖的胖起来，该瘦的瘦下去。

1）公司上班的时间一到，大家都忙了起来，有的去开会，有的准备文件。

2）在我们大学里，学生们的生活井然有序，有的上课，有的运动，有的上图书馆。

3）在我们家，干家务有分工，一到周末，……

4）A：你认为什么样的居住环境是比较理想的？

B：……

5）A：你心目中理想的女性是什么样的？

B：……

4. ……，便于……

南方和北方都是农闲季节，……，也便于举行各种庆祝、祈祷的仪式。

1）我喜欢把一些工具书放在手边，这样有什么问题随时都可以查找。

2）公司把我们的电话和E-mail地址都登记下来，为了使大家联系起来比较方便。

3）你的行李件数太多，这样容易丢失，你应该……

4）A：你现在挣钱不多，为什么这么着急贷款买车呢？

B：……

5）A：那个大门下面的小洞是干什么用的？

B：……

5. 从……角度（来）说，……

从经济的角度来说，春节是在农作物收获之后，也给人们提供了比较丰厚的物质基础。

1）在父母看来，孩子的教育是最重要的事情。

2）必须保护环境，过度的消费既会消耗大量能源，又会污染环境。

3）A：你觉得中国人修建三峡水利工程有什么好处？

　　B：……

4）A：你觉得喝酒是利大于弊还是弊大于利？

　　B：……

5）A：有人说，婚姻是爱情的坟墓，你同意这样的说法吗？

　　B：……

6. 打心眼儿里……

　　记得我们小时候，打心眼儿里盼着过春节。

1）我的家乡既有小河流水，又有青山绿树，自然景色非常优美，我特别喜欢那里。

2）癌症先后夺去了他父母的生命，所以他对这种病既恨又怕。

3）我的女朋友不仅长相漂亮，而且性格温柔，……

4）A：我看你的房间里放了很多小动物的照片，也喜欢穿有动物图案的衣服，看来你是个爱动物的人，对吗？

　　B：……

5）A：在中国的传统文化中，你最感兴趣的是什么？

　　B：……

（四）任务与活动

一 讨论题：

1. 中国人过去过春节与现在有什么不同？你更喜欢哪一种过法？
2. 除了春节以外，你还知道哪些中国的节日？说说它们的来历和内容。
3. 你们国家有哪些重要的节日？请你描述一下过节的情景。

二 就下列问题进行调查并作汇报：

1. 设计一份调查提纲，找几个人（不少于5个）作调查，了解他们过春节（或其他节日）的方法和对春节（或其他节日）的看法，然后向全班同学报告。
2. 调查一下本市有哪些好玩儿的地方、好吃的饭馆儿或价廉物美的购物场所，然后全班分享。

口语知识（四）

口语的特点

　　汉语的语体有好几种，其中最常见的是书面语体和口语语体。书面语体来源于文字对口语的记录，是在口语语体基础上提炼加工而成的。单音节的口语词，在书面语中常用双音节词表达，增加了典雅、庄重的色彩。例如：美——美好，死——死亡，送——赠送，累——疲倦，飞——飞翔等，前面的是口语词，后面的是书面语词。有时一个口语词有几个书面语词与其相对组成同义词，表现了书面语词表义上的细腻与精密的特点。例如与口语词"大"相对的书面语词有"伟大、巨大、宏大、庞大、广大、远大、高大、博大、浩大、宽大"等；与口语词"冷"相对的书面语词有"寒冷、冰冷、生冷、湿冷、阴冷、清冷、干冷"等。

　　现代汉语的书面语体是从古代汉语书面语体发展来的，由历代典籍中继承下来的古语词自然属于书面语词。其典雅、庄重的色彩更为鲜明，其中包括数以千计的成语。书面语体的句式多用长句，定语、状语多，表达的思想比较精确、严密。此外，书面语体追求文章的前后对称，还特别强调句式的整齐、协调。书面语体的特色是整体表现出来的，其整体风格的典雅、庄重、凝练是以其词语、句式、色彩等多方面特点的综合为基础的。事实上在现代汉语中很少见到一篇文章是纯而又纯的书面语体或口语语体。

　　口语语体中，有一种口头语言，具有很多突出的特点，它独有一种天然美。

　　一、口头语言富于生活气息和色彩

　　口头语言带有浓厚的生活气息，它丰富、新鲜、生动，极富表现力。比如形容一件东西是黑色的，一般的说法是"很黑""非常黑""黑极了"等等，而人们在口头语言中却常常用"墨黑""漆黑"一类词语来形容黑色，显得生动、形象。又如人们口语中不说"很冷"，而说"冰冷"；不说"很快",而说"飞快";不说"白得很",而说"雪白"。这些词汇,色、香、味俱全,是活的语言。

二、口头语言中谚语、歇后语很丰富

谚语、歇后语十分通俗,而且已定型。它们是人们在生产劳动和社会生活实践中创造出来的,是人们成功经验、失败教训、科学知识、生活感受的总结。它简练、生动、形象,表义准确,说理深刻,是口头语言的精华。如"搬起石头砸自己的脚""不见棺材不掉泪""不怕一万,就怕万一""苍蝇不叮无缝的蛋""刀子嘴,豆腐心""天下乌鸦一般黑"等俗语,在口语中比比皆是,其表现力称得上以一当十。

歇后语更具有形象、具体的特点,它不仅语义深刻,富于感染力,而且生动诙谐,妙趣横生。如"铁公鸡——一毛不拔""芝麻开花——节节高""水中捞月——一场空""猪鼻子插葱——装象""黄鼠狼给鸡拜年——没安好心""坐飞机吹喇叭——响(想)得高"等等,在合适的地方用上一句,会收到几句话也收不到的效果。

三、口头语言中多用比喻

人们用熟知的事物来打比方,可以使一些本来较为抽象、模糊的东西显得又形象又鲜明,极大地增强语言的表现力,引起人们的联想。如"懒得像猪""瘦得像猴儿""碰了一鼻子灰""像巴儿狗一样驯服"等,这样的比喻,会收到比平铺直叙好得多的效果。

当然,口头语言并不完全等于口语体。口语体仍是加工过的语言,一般的句子是定语少而短,常把复杂定语化整为零,而且省略句多。它简洁、明快、有力,语序有很大的灵活性。口头语言有些并没有经过多少加工,有时还会显得粗俗。所以我们在使用时,要考虑说话的对象,在应该用文雅语言时,不可胡乱使用口头语言。

(参考王勤《汉语修辞通论》和李润新《文学语言概论》)

总词语表

A

唉声叹气	āi shēng tàn qì		4
碍事	ài shì		6
安居乐业	ān jū lè yè		6
懊丧	àosàng	（形）	3

B

把脉	bǎ mài		8
白木耳	báimù'ěr	（名）	8
白头偕老	báitóu xié lǎo		3
拜年	bàinián	（动）	12
拜师	bàishī	（动）	2
百里挑一	bǎi lǐ tiāo yī		4
拜托	bàituō	（动）	5
扳	bān	（动）	11
版	bǎn	（名）	12
版本	bǎnběn	（名）	5
宝贝	bǎobèi	（名）	1
保姆	bǎomǔ	（名）	10
保湿	bǎoshī	（动）	1
保佑	bǎoyòu	（动）	12
保重	bǎozhòng	（动）	8
奔丧	bēnsāng	（动）	3
本科	běnkē	（名）	1
本钱	běnqián	（名）	5
蹦极	bèngjí	（名）	5
逼婚	bīhūn	（动）	4
鼻涕	bítì	（名）	8
比拟	bǐnǐ	（动）	9
弊病	bìbìng	（名）	9
避邪	bì xié		3
鞭炮	biānpào	（名）	12
憋	biē	（动）	8
别致	biézhì	（形）	4
播音员	bōyīnyuán	（名）	11
不愧	búkuì	（副）	2
不胜其烦	bú shèng qí fán		7
补	bǔ	（动）	8
不妨	bùfáng	（副）	6
不拘小节	bù jū xiǎo jié		7
不容	bùróng	（动）	9
不失为	bùshīwéi	（动）	9
不由自主	bù yóu zì zhǔ		11
不足为奇	bùzúwéiqí		11

C

财运亨通	cáiyùn hēngtōng		12
彩票	cǎipiào	（名）	3
踩点儿	cǎi diǎnr		4
仓鼠	cāngshǔ	（名）	1
馋	chán	（形）	2
缠	chán	（动）	1
常态	chángtài	（名）	9
畅所欲言	chàng suǒ yù yán		9
惩罚	chéngfá	（动）	8
成家	chéng jiā		10
成精	chéng jīng		11
承载	chéngzài	（动）	9
吃香	chīxiāng	（形）	3
充裕	chōngyù	（形）	12
崇尚	chóngshàng	（动）	7
筹备	chóubèi	（动）	4

150

出差	chū chāi		7
出口成章	chū kǒu chéng zhāng		2
除虫	chú chóng		1
串门	chuànmén	(动)	12
吹牛	chuī niú		6
春联	chūnlián	(名)	3
凑合	còuhe	(动)	6
粗糙	cūcāo	(形)	7
粗犷	cūguǎng	(形)	7
翠绿	cuìlǜ	(形)	10
错过	cuòguò	(动)	2

D

搭配	dāpèi	(动)	12
打发	dǎfa	(动)	4
打光棍儿	dǎ guānggùnr		2
打滚儿	dǎ gǔnr		8
打心眼儿里	dǎ xīnyǎnr lǐ		12
大饱口福	dà bǎo kǒufú		12
大饱眼福	dà bǎo yǎnfú		1
大惊小怪	dà jīng xiǎo guài		8
大气	dàqi	(形)	3
大手大脚	dà shǒu dà jiǎo		1
档次	dàngcì	(名)	3
刀工	dāogōng	(名)	12
导游	dǎoyóu	(名)	2
到家	dàojiā	(形)	4
得体	détǐ	(形)	4
得天独厚	dé tiān dú hòu		11
得罪	dézuì	(动)	6
灯笼	dēnglong	(名)	3
电视剧	diànshìjù	(名)	9
刁	diāo	(形)	5
调	diào	(动)	8

掉以轻心	diào yǐ qīng xīn		7
丁	dīng	(名)	10
顶嘴	dǐng zuǐ		4
东奔西走	dōng bēn xī zǒu		5
动脉硬化	dòngmài yìnghuà		8
兜	dōu	(动)	7
兜风	dōu fēng		5
逗	dòu	(形)	1
对症下药	duì zhèng xià yào		8
炖	dùn	(动)	1
多多益善	duōduō yì shàn		3
多姿多彩	duō zī duō cǎi		7
多嘴	duō zuǐ		6
惰性	duòxìng	(名)	9

E

（仅此）而已	(jǐncǐ) éryǐ	(助)	2

F

发奋	fāfèn	(动)	11
发音	fāyīn	(名)	11
返聘	fǎnpìn	(动)	4
犯困	fànkùn	(动)	10
方言	fāngyán	(名)	11
肥	féi	(名)	1
费劲	fèijìn	(动)	11
粉丝	fěnsī	(名)	10
丰厚	fēnghòu	(形)	12
丰盛	fēngshèng	(形)	12
疯狂	fēngkuáng	(形)	5
蜂王浆	fēngwángjiāng	(名)	8
夫唱妇随	fū chàng fù suí		2
负面	fùmiàn	(形)	9
肤色	fūsè	(名)	4

G

改天	gǎitiān	（副）	10
干果	gānguǒ	（名）	1
钢筋	gāngjīn	（名）	10
高端	gāoduān	（形）	3
高见	gāojiàn	（名）	9
高压锅	gāoyāguō	（名）	10
格局	géjú	（名）	10
隔辈	gé bèi		1
各抒己见	gè shū jǐ jiàn		9
个头儿	gètóur	（名）	4
更新	gēngxīn	（动）	9
功劳	gōngláo	（名）	11
共享	gòngxiǎng	（动）	1
够呛	gòuqiàng	（形）	11
古玩市场	gǔwán shìchǎng		5
刮目相看	guā mù xiāng kàn		10
贵妃	guìfēi	（名）	2
过奖	guòjiǎng	（动）	11
过敏	guòmǐn	（动）	8
过瘾	guò yǐn	（形）	5

H

海量	hǎiliàng	（名）	9
豪爽	háoshuǎng	（形）	7
哄堂大笑	hōngtáng dàxiào		3
红红火火	hónghónghuǒhuǒ	（形）	12
猴年马月	hóuniánmǎyuè		6
后遗症	hòuyízhèng	（名）	8
花销	huāxiao	（名）	6
滑板	huábǎn	（名）	1
划分	huàfēn	（动）	7
话语权	huàyǔquán	（名）	9
化妆品	huàzhuāngpǐn	（名）	5
黄花鱼	huánghuāyú	（名）	10
回归	huíguī	（动）	5
昏昏沉沉	hūnhūnchénchén		1
馄饨	húntun	（名）	7
混淆	hùnxiáo	（动）	7
活力	huólì	（名）	4
火锅	huǒguō	（名）	10
火山	huǒshān	（名）	10
获益良多	huò yì liáng duō		7

J

叽里咕噜	jīligūlū	（拟声）	11
机制	jīzhì	（名）	9
吉利	jílì	（形）	3
忌妒	jìdu	（动）	7
极限	jíxiàn	（名）	5
忌讳	jìhuì	（名）	3
家乡话	jiāxiānghuà	（名）	11
嫁妆	jiàzhuang	（名）	6
架式	jiàshi	（名）	4
煎炒烹炸	jiān chǎo pēng zhá		6
监督	jiāndū	（动）	9
监管	jiānguǎn	（动）	9
简朴	jiǎnpǔ	（形）	7
剪枝	jiǎn zhī		1
健身	jiànshēn	（动）	5
见识	jiànshi	（名）	7
见外	jiànwài	（形）	1
见效	jiànxiào	（动）	8
娇贵	jiāoguì	（形）	1
角度	jiǎodù	（名）	5
揭短	jiē duǎn		11
街坊	jiēfang	（名）	12
节俭	jiéjiǎn	（形）	6
节奏	jiézòu	（名）	4

借花献佛	jiè huā xiàn fó		10
斤斤计较	jīnjīn jìjiào		7
进展	jìnzhǎn	(动)	2
精打细算	jīng dǎ xì suàn		6
净化	jìnghuà	(动)	1
沮丧	jǔsàng	(形)	2
俱全	jùquán	(形)	12
剧烈	jùliè	(形)	5
捐款	juān kuǎn		6
眷属	juànshǔ	(名)	2

K

磕磕巴巴	kēkēbābā		1
客套话	kètàohuà	(名)	11
空巢（家庭）	kōngcháo(jiātíng)	(名)	6
空落落	kōngluòluò	(形)	9
口服液	kǒufúyè	(名)	8
口味	kǒuwèi	(名)	1
口音	kǒuyīn	(名)	11
夸张	kuāzhāng	(形)	10
块儿	kuàir	(名)	5
快递	kuàidì	(名、动)	10
宽敞	kuānchǎng	(形)	6
亏待	kuīdài	(动)	6
困惑	kùnhuò	(形)	9

L

腊月	làyuè	(名)	12
来龙去脉	lái lóng qù mài		12
来日方长	lái rì fāng cháng		1
阑尾炎	lánwěiyán	(名)	8
狼狈	lángbèi	(形)	2
老家	lǎojiā	(名)	11
老脑筋	lǎonǎojīn	(名)	6
老少皆宜	lǎo shào jiē yí		1
老乡	lǎoxiāng	(名)	11
老有所乐	lǎo yǒu suǒ lè		12
老外	lǎowài	(名)	11
乐不思蜀	lè bù sī Shǔ		7
乐子	lèzi	(名)	4
泪汪汪	lèiwāngwāng	(形)	11
栗子	lìzi	(名)	3
莲子	liánzǐ	(名)	10
两面性	liǎngmiànxìng	(名)	9
晾	liàng	(动)	6
亮相	liàng xiàng		2
流食	liúshí	(名)	8
隆重	lóngzhòng	(形)	12
驴友	lǘyǒu	(名)	5
论	lùn	(介)	11

M

麻辣	málà	(形)	10
马尾辫	mǎwěibiàn	(名)	1
慢慢悠悠	mànmanyōuyōu	(形)	4
媒体	méitǐ	(名)	9
美德	měidé	(名)	6
每况愈下	měi kuàng yù xià		9
美满	měimǎn	(形)	2
美食家	měishíjiā	(名)	8
美味佳肴	měiwèi jiāyáo		12
萌发	méngfā	(动)	2
蜜月	mìyuè	(名)	3
免得	miǎnde	(连)	11
苗条	miáotiao	(形)	8
民居	mínjū	(名)	10
蘑菇	mógu	(名)	1
默契	mòqì	(形)	2
墓地	mùdì	(名)	3

N

闹翻	nàofān		4
内向	nèixiàng	（形）	7
年货	niánhuò	（名）	12
撵	niǎn	（动）	3
念经	niàn jīng		4
娘家	niángjia	（名）	6
鸟语花香	niǎo yǔ huā xiāng		4
浓烈	nóngliè	（形）	7
糯米	nuòmǐ	（名）	10

P

怕（是）	pà(shì)	（副）	4
排骨	páigǔ	（名）	10
排练	páiliàn	（动）	2
攀岩	pānyán	（动）	5
胖墩儿	pàngdūnr	（名）	9
抛砖引玉	pāo zhuān yǐn yù		9
赔礼	péi lǐ		11
脾胃	píwèi	（名）	8
偏僻	piānpì	（形）	2
片面	piànmiàn	（形）	7
破费	pòfèi	（动）	1
破烂儿	pòlànr	（名）	6
普及	pǔjí	（动）	11

Q

七手八脚	qī shǒu bā jiǎo		8
祈祷	qídǎo	（动）	12
歧视	qíshì	（动）	3
气派	qìpài	（形、名）	3
起源	qǐyuán	（名）	11
千篇一律	qiān piān yí lǜ		10
迁徙	qiānxǐ	（动）	12
牵线	qiān xiàn		4
千辛万苦	qiān xīn wàn kǔ		5
前仰后合	qián yǎng hòu hé		11
抢手	qiǎngshǒu	（形）	12
清淡	qīngdàn	（形）	7
青梅竹马	qīng méi zhú mǎ		2
清闲	qīngxián	（形）	4
清香	qīngxiāng	（形、名）	10
清秀	qīngxiù	（形）	7
球迷	qiúmí	（名）	5
区分	qūfēn	（动）	7
驱邪	qūxié	（动）	12
取笑	qǔxiào	（动）	11

R

热气腾腾	rèqì téngténg		12
热腾腾	rètēngtēng	（形）	10
人参	rénshēn	（名）	8
人性化	rénxìnghuà	（动）	6
认同	rèntóng	（动）	9
日光浴	rìguāngyù	（名）	1
日新月异	rì xīn yuè yì		9
入乡随俗	rù xiāng suí sú		3
入座	rùzuò	（动）	12

S

上座	shàngzuò	（名）	12
射门	shè mén		5
身不由己	shēn bù yóu jǐ		7
神秘兮兮	shénmì xīxī		2
神仙	shénxiān	（名）	4
升级换代	shēng jí huàn dài		9
盛行	shèngxíng	（动）	3
失调	shītiáo	（动）	8
失陪	shīpéi	（动）	2
实地（调查）	shídì(diàochá)		1

十全十美	shí quán shí měi		9
实业	shíyè	(名)	7
食欲	shíyù	(名)	8
十字架	shízìjià	(名)	3
时装	shízhuāng	(名)	4
势不可挡	shì bù kě dǎng		9
适可而止	shì kě ér zhǐ		8
视同路人	shìtóng lùrén		2
收藏品	shōucángpǐn	(名)	5
守岁	shǒusuì	(动)	12
手艺	shǒuyì	(名)	10
寿司	shòusī	(名)	10
受益	shòu yì		6
受罪	shòu zuì		5
淑女	shūnǚ	(名)	5
输液	shū yè		8
属相	shǔxiang	(名)	3
甩卖	shuǎimài	(动)	3
涮羊肉	shuànyángròu	(名)	10
爽口	shuǎngkǒu	(形)	10
水土流失	shuǐtǔ liúshī		3
顺眼	shùnyǎn	(形)	6
俗	sú	(形)	12
算账	suàn zhàng		10
所见所闻	suǒ jiàn suǒ wén		7

T

昙花一现	tánhuā yí xiàn		1
探亲	tàn qīn		4
淘宝	táo bǎo		5
淘气	táoqì	(形)	1
淘汰	táotài	(动)	6
讨好	tǎohǎo	(动)	6
腾	téng	(动)	6
体验	tǐyàn	(动)	5

天赋	tiānfù	(名)	11
天使	tiānshǐ	(名)	2
天涯海角	tiānyá hǎijiǎo		2
添油加醋	tiān yóu jiā cù		2
调理	tiáolǐ	(动)	8
调料	tiáoliào	(名)	7
挑战	tiǎozhàn	(动)	5
铁杆儿	tiěgǎnr	(形)	5
亭子	tíngzi	(名)	10
挺身而出	tǐng shēn ér chū		2
通俗	tōngsú	(形)	5
投机	tóujī	(形)	2
头疼脑热	tóu téng nǎo rè		8
头头是道	tóu tóu shì dào		10
图	tú	(动)	3
徒有其名	tú yǒu qí míng		5
团团转	tuántuánzhuàn	(形)	8
团圆	tuányuán	(动)	12
退化	tuìhuà	(动)	9

W

崴	wǎi	(动)	2
外号	wàihào	(名)	11
外人	wàirén	(名)	11
外行	wàiháng	(名)	4
外向	wàixiàng	(形)	7
万事如意	wànshì rúyì		12
煨	wēi	(动)	7
违法乱纪	wéi fǎ luàn jì		9
唯一	wéiyī	(形)	6
未尝（不／没）	wèicháng(bù/méi)	(副)	6
文静	wénjìng	(形)	5
文质彬彬	wén zhì bīnbīn		5
乌龟	wūguī	(名)	1
巫（巫师）	wū(wūshī)	(名)	5

无所事事	wú suǒ shì shì		4
捂	wǔ	(动)	8
五彩缤纷	wǔcǎi bīnfēn		12
五音不全	wǔ yīn bù quán		4
物业费	wùyèfèi	(名)	6

X

稀少	xīshǎo	(形)	3
细腻	xìnì	(形)	7
戏曲	xìqǔ	(名)	2
细水长流	xì shuǐ cháng liú		6
下令	xiàlìng	(动)	3
仙鹤	xiānhè	(名)	12
闲话	xiánhuà	(名)	2
现	xiàn		10
香饽饽	xiāngbōbo	(名)	12
相配	xiāngpèi	(形)	4
相亲	xiāng qīn		4
乡音	xiāngyīn	(名)	11
享福	xiǎng fú		4
消费者	xiāofèizhě	(名)	7
潇洒	xiāosǎ	(形)	4
小品	xiǎopǐn	(名)	11
小觑	xiǎoqù	(动)	9
小时工	xiǎoshígōng	(名)	4
小心翼翼	xiǎoxīn yìyì		11
（花）谢	(huā)xiè	(动)	1
谐音	xiéyīn	(名)	3
形影相随	xíngyǐngxiāngsuí		2
姓氏	xìngshì	(名)	3
虚	xū	(形)	8

Y

压岁钱	yāsuìqián	(名)	3
雅	yǎ	(形)	12
眼睁睁	yǎnzhēngzhēng	(形)	5
养生	yǎngshēng	(名)	8
腰带	yāodài	(名)	2
咬牙	yǎoyá	(动)	11
夜猫子	yèmāozi	(名)	1
一辈子	yíbèizi	(名)	4
一见钟情	yí jiàn zhōng qíng		2
衣着	yīzhuó	(名)	4
一气之下	yí qì zhī xià		3
依赖性	yīlàixìng	(名)	9
怡情养性	yí qíng yǎng xìng		1
以至于	yǐzhìyú	(连)	9
毅力	yìlì	(名)	11
一厢情愿	yì xiāng qíng yuàn		3
异想天开	yì xiǎng tiān kāi		8
阴凉	yīnliáng	(形)	1
音响	yīnxiǎng	(名)	5
姻缘	yīnyuán	(名)	2
饮食	yǐnshí	(名)	6
英俊	yīngjùn	(形)	1
营养不良	yíngyǎng bù liáng		1
硬是	yìngshì	(副)	11
应验	yìngyàn	(动)	2
用武之地	yòng wǔ zhī dì		4
优胜劣汰	yōu shèng liè tài		7
游山玩水	yóu shān wán shuǐ		9
有机	yǒujī	(形)	10
有情人	yǒuqíngrén	(名)	2
鱼刺	yúcì	(名)	3
瑜伽	yújiā	(名)	5
余热	yúrè	(名)	4
于心何忍	yú xīn hé rěn		10
渔业	yúyè	(名)	3
寓意	yùyì	(名)	12
与时俱进	yǔ shí jù jìn		6

冤枉钱	yuānwangqián	（名）	6
缘分	yuánfèn	（名）	2
元气	yuánqì	（名）	8
晕头转向	yūn tóu zhuàn xiàng		8

Z

扎	zā	（动）	1
灾区	zāiqū	（名）	6
在行	zàiháng	（形）	5
攒钱	zǎn qián		6
枣	zǎo	（名）	3
早出晚归	zǎo chū wǎn guī		1
眨	zhǎ	（动）	5
榨菜	zhàcài	（名）	10
宅	zhái	（动）	9
展销	zhǎnxiāo	（动）	7
长辈	zhǎngbèi	（名）	12
蘸	zhàn	（动）	7
折腾	zhēteng	（动）	6
针锋相对	zhēn fēng xiāng duì		9
正宗	zhèngzōng	（形）	10
芝麻	zhīma	（名）	10
植被	zhíbèi	（名）	3
志同道合	zhì tóng dào hé		5
中看	zhōngkàn	（形）	6
中用	zhōngyòng	（形）	6
主持人	zhǔchírén	（名）	9
主流	zhǔliú	（名）	9
主食	zhǔshí	（名）	7
椎	zhuī		8
滋味	zīwèi	（名）	8
龇牙咧嘴	zī yá liě zuǐ		8
资助	zīzhù	（动）	6
紫菜	zǐcài	（名）	10
自告奋勇	zì gào fènyǒng		2
自古以来	zì gǔ yǐ lái		12
自叹不如	zìtàn bùrú		11
总监	zǒngjiān	（名）	5
粽子	zòngzi	（名）	10
琢磨	zuómo	（动）	3
坐立不安	zuò lì bù ān		4

句式练习总表

（数字表示课文序号）

A

A……A 的……，B……B 的……	4
A 没有用，不如 B	4
A 也好，B 也好，都……	3

B

……，便于……	12
别看……，可……	5
别说……，就连……也……	11
不管……，还是……，反正……	9
不就是……嘛，用不着……	8
不愧是……	2
……，不失为……	9
不说……，光……就……	4
……，不至于……	5

C

除了……，最……	7
除了跟……有关外，……也……	11
从……角度（来）说，……	12

D

打心眼儿里……	12
大到……，小到……	4
倒……	7
……倒也……，可就是……	8
到底……	5
对（于）……，尤其是对（于）……来说……	7

E

……，而且不管……，都……	10
……而已	2

G

该……的……	12

H

……还……，可……就……	10

J

尽管……，但……，而且……	9
……，……就好了	8
（就是）因为……，才……	7

K

看来……	11
……，（可是）说归说，要是……，反而……	4
……可以，不……，恐怕……	8

N

拿……来说吧	11

Q

且不说……	6

R

如果……，即使……也……	2

S

什么……，反正……	6
……是……，但……，还是……	6
说 A 就 A 了，真是……	6
说不定……，没准儿……（可调换）	8
说起……呀，不比……（+原因）	1
说起来……，但……	2
说起来啊，……，可就是……	10
说是……，还……	1

T

同样是……	7

W

为了强调，使用排比句式	3
我说……，难怪	2

X

象征着……	12
形容词 + 不到哪儿去（能 + 形容词 + 到哪儿去）	9

Y

要 A 有 A，要 B 有 B	4
要是……，严重的……	3
要是……，准会……	1
……，（也）未尝不……	6
……也不光是……，再说……	10
一来……，二来……	2
一说到……就……	5
……一下子……，据说……	3
……疑问代词，……疑问代词	10
以为……，谁知……	11
……，以至于……	9
（有它）吧，……；（没它）吧，……	9

Z

……，再说……，要是……	1
这才是……哪	12
这还叫……	5
……，至于……	3
总要……，要不然……	1